창조하는 인간의 시대

SOUZOU SURU HITO NO JIDAI written by **Masayuki Chatani**.
Copyright © 2023 by Masayuki Chatani. All rights reserved.
Originally published in Japan by Nikkei Business Publications, Inc.
Korean translation rights arranged with Nikkei Business Publications, Inc.
through Eric Yang Agency, Inc.

이 책의 한국어판 저작권은 Eric Yang Agency, Inc.를 통해
Nikkei Business Publications, Inc.와 독점 계약한
도서출판 사이드웨이가 소유합니다.
저작권법에 의하여 한국 내에서 보호를 받는 저작물이므로
무단 전재 및 복제를 금합니다.

창조하는 인간의 시대

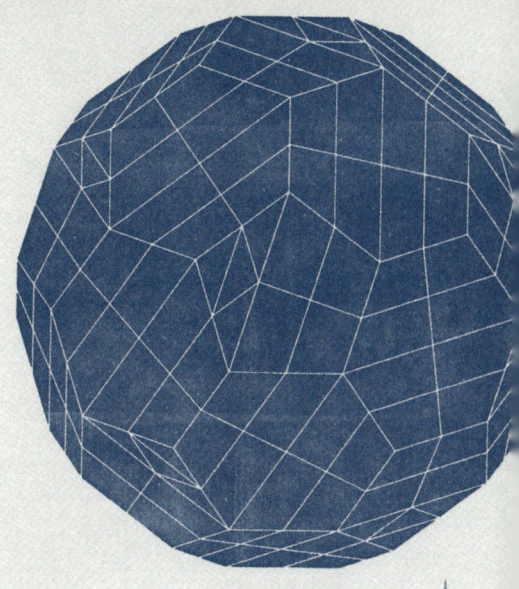

만들어내는 사람이
살아남는다

차타니 마사유키 지음 | 박세미 옮김
Masayuki Chatani

SIDEWAYS

시작하며

당신은 무언가 '만드는 일'을
좋아하는가.

요즘 일본은 좀처럼 새로운 것을 세상에 내놓지 못한다는 지적이 많다. 제2차 세계대전 이후 제조업 강국으로 성장하며 파나소닉(Panasonic)의 마쓰시타 고노스케(松下幸之助), 소니(Sony)의 이부카 마사루(井深大)와 모리타 아키오(盛田昭夫), 혼다(Honda)의 혼다 소이치로(本田宗一郎) 등 역사에 남을 기업가들이 탄생했던 일본이지만 이제는 더 이상 '물건을 잘 만드는 나라'라고 부르기 어려워졌다. 미국의 GAFAM[1]까지는 아니더라도, 일본에서는 이미 오래전부터 새로운 물건을 만들어내는 거대 기업이 나타나지 않고 있다.

그 이유는 무엇일까. 이에 관해선 여러 진단이 가능하겠지

---

1   Google, Apple, Facebook, Amazon, Microsoft 등 미국의 대표 IT 기업.

만, 나는 일본 사회 전체가 오랫동안 '만드는 일'을 진지하게 여기지 않았기 때문이라고 생각한다. 좀 더 정확히 말하면 굳이 힘들여 새롭게 '만들' 필요성을 느끼지 못했기 때문이다.

과거 파나소닉, 소니, 혼다 같은 기업들이 창업해 세계적인 성공을 거둔 배경에는 스스로 무언가를 만들어내야 했던 절박한 시대적 상황이 있었다. 전쟁으로 국토는 폐허가 되었고, 사람도 자원도 부족한 상태였다. 뛰어난 인재가 있어도 마땅한 일자리가 없었기에 스스로 새로운 것을 만들어야만 살아남을 수 있었다.

그러나 전후 일본 경제가 빠르게 성장하고 대기업 중심의 안정적인 사회 구조가 자리 잡으면서 상황은 달라졌다. 교육 제도가 정비되면서 사람들은 우수한 인재들이 일류 대학을 졸업한 뒤 대기업에 입사하는 것을 성공의 정석이라고 여겼다. 이러한 사회에서는 새로운 것을 창조하는 인재보다 기존의 제품이나 서비스를 효율적으로 개선하고 관리하는 인재가 더 필요했다. 따라서 소위 '조정형' 인재들이 주목받았고, 일본 경제는 이들의 능력을 바탕으로 한때 큰 번영을 누렸다.

이러한 흐름 속에서 사회 전반적으로 창조적인 도전보다는 주어진 정답을 얼마나 빠르고 효율적으로 찾아내는가에 집중하는 분위기가 형성됐다. 하지만 이런 모델은 2010년대 후반부터 명확한 한계에 부딪혔다. 글로벌 경쟁의 중심은 하드웨어에서 소프트웨어로 옮겨갔고, 일본 사회는 저출산과 고령화로 인해 생산성이 있는 인구마저 감소하기 시작했다.

이 시점에서 과감하게 방향을 전환해야 했지만, 일본은 과거의 성공에 지나치게 얽매인 탓에 변화하기를 주저했다. 지난 방식을 답습하며 새로운 시도에 소극적인 관행은 쉽게 바뀌지 않았다.

엎친 데 덮친 격으로, 기술 발전의 영향도 간과할 수 없다. 2022년 말 등장한 대화형 AI 서비스 챗GPT는 사람과 자연스럽게 대화를 나누며 순식간에 정보를 학습해 번역, 보고서 작성 등 다양한 지적 업무를 놀라운 수준으로 처리한다. 이에 따라 머지않아 애널리스트, IT 엔지니어, 작가, 교사, 회계사, 법무사 등 화이트칼라 일자리 대부분이 AI로 대체될 것이라는 예측까지 나오고 있다. 의료 업계에서는 이미 영상 진단 등을 담당하는 AI의 정확도가 인간을 넘어섰다는 평가도 있다. AI의 등장이 많은 사람들에게 현실적인 위협으로 다가오면서 새로운 시대에 필요한 역량이 무엇인지 고민하는 사람들이 늘고 있다.

이런 상황에서 우리가 생존하고 발전하기 위해 나아가야 할 길은 결국 '만드는 사람'이 되는 것이라고 생각된다. 인간은 본래 무언가를 만들어내는 존재이다. 새로운 물건이나 서비스를 고안하고, 구조를 창조하며, 세상에 없던 가치를 만들어낸다. 기술의 발전으로 사라지는 일자리도 있겠지만 인간이 기술을 넘어서는 유일한 길은 바로 '창조하는 힘'에 있다. 아무리 AI가 발전하더라도 새로운 가치를 구상하고 실현하는 창의적인 활동은 인간 고유의 영역으로 남을 것이다.

너무 오랫동안 만드는 일을 외면한 탓에 어디서부터 시작해야 할지 막막하게 느껴질 수도 있다. 그렇지만 '만드는 일'은 예술가나 엔지니어와 같은 특정 전문가의 전유물이 아니다. 중요한 것은 무언가를 만들고자 하는 의지다.

소니의 모리타 아키오나 혼다의 혼다 소이치로도 처음부터 특별한 사람은 아니었다. 그들은 단지 '이런 물건이 있으면 세상이 더 편리하고 즐거워지지 않을까?'라는 생각을 포기하지 않고 구체적인 형태로 만들었을 뿐이다. 물론 필요한 물건을 상상하는 과정은 쉽지 않지만, 끝없이 훈련하면 그런 상상력 또한 얼마든지 단련할 수 있다.

만드는 사람에게는 일이 끊이지 않는다. 스스로 재미를 찾아 일을 만들고 그 길을 좇아가다 보면 자연스럽게 커리어가 만들어진다. 처음부터 거창한 목표를 설정하지 않더라도 창조적인 활동을 꾸준히 이어가다 보면 예상치 못하게 좋은 결과가 따라오는 경우가 많다.

　무엇이든 좋다. 우선 '상상'부터 시작해 보자. 머릿속의 생각이 구체적인 기획이 되고, 기획은 현실의 결과물로 나타난다. 나 역시 어린 시절 품었던 막연한 동경과 호기심이 결국 소니에서 플레이스테이션을 만들어내는 결실로 이어졌다.

　생각하고 상상하지 않으면 아무것도 시작되지 않는다. 상상하고 그 상상을 구체화하는 과정이야말로 AI가 흉내 낼 수 없는 인간 고유의 창조적 활동이며 예술이다. 일단 머릿속으로 무언가를 그릴 수만 있다면, 그것을 현실로 만드는 도구와 기술은 이미 우리 주변에 충분히 존재한다.

　이 책에서는 '만드는 사람'이 되기 위한 구체적인 사고방식과 실천 방법을 소개하고자 한다. 무언가를 제대로 만들기 위해서는 단순히 지식을 아는 것에 그치지 않고, 원리를 깊이 이해하며 실제로 활용하는 단계로까지 나아가야 한다. 혹시 무언가를 만드는 일이 막막하게 느껴진다면 아마도 세 단계 중 어딘가에서 부족함과 맞닥뜨렸기 때문일 것이다.

　이 책을 통해 '만드는 사람'의 생각과 기술을 함께 익혀보자. 누구나 만들 수 있다. 만들고자 하는 의지만 있다면 당신의 인생 앞에 놓인 선택지는 무한히 넓어질 것이다.

차례

■ **시작하며** 005

제1장 쓸데없는 상상에서 시작하자

- 안다, 사용한다, 만든다 017
- 크리에이터는 도전하는 사람 019
- '만드는 사람'이 나오기 어려운 시대 021
- '만드는 사람'이 되는 세 가지 비결 024
- 평범함을 거부하는 괴짜에게서 배운다 026
- AI 시대, 결국 만드는 사람이 주인공이다 029
- AI를 사용하면 이전과 다른 세상이 보인다 030
- 타인의 시선을 의식하지 말고 자신만의 길을 걷는다 033
- 쓸데없는 상상을 하는 인재가 되자 035
- 기회를 잡으려면 긍정적인 태도가 필요하다 038
- '어떻게(HOW)'가 아니라 '왜(WHY)'를 물어야 한다 040
- 나만의 특기를 갖자 043
- 특기를 찾으려면 열중할 수 있는 분야를 찾아야 한다 044
- 쓸데없는 상상에서 시작하는 사고방식 046
- 규칙을 지키는 대신, 직접 만든다 048
- 다른 사람이 만든 생태계에서 살아가기는 쉽지 않다 052
- 운영자가 아닌 경영자의 시선을 지닌다 053
- 시야를 넓혀 정보를 탐색하자 055
- 다양한 경우의 수를 대비하자 057
- 자신의 생존권을 확보할 전문 분야를 명확히 하자 060
- 만드는 힘은 100세 시대를 즐겁게 살기 위해 빼놓을 수 없다 063
- SNS로 연결된 사람들이 추천하는 정보에 주목하라 065
- 내가 만드는 것이 새로운 사회를 만든다 069
- AI에게 배우기보다는 AI를 가르치는 사람이 되자 072
- 매일 거액의 돈이 타들어 간다고 상상하자 075

제2장 큰 흐름을 생각하며 공부하자

- 규모와 상관없이 도전을 성공시킨다 083
- 프로젝트가 잘 될지 여부는 구성원의 집요함에 달려있다 085
- 그만두지 않는다 087
- 시대를 지나치게 앞서갈 때를 대비하여, 중간에 포기하지 않는다 088
- 당장 쓸모없어 보여도 쌓아두어야 할 것들 091
- 시작은 쉽지만, 그만두기는 어렵다 093
- 소프트웨어가 세계를 집어삼킨다 097
- 현장에서 배우자 100
- 지식보다 경험이 훨씬 가치 있는 시대 103
- 큰 흐름을 의식하며 공부하자 104
- 잠깐의 변화인지, 새로운 삶의 양식인지 파악하자 107
- 지위에 기반한 이야기에 현혹되지 말 것 108
- 기초공사가 부실한 건축물은 나중에 큰 문제가 된다 110
- 커다란 목표를 먼저 설정하자 112
- 소비자의 니즈만큼 중요한 동료의 니즈 파악 114
- 미래를 내다보는 안목을 기르는 두 가지 핵심 117
- '왜?'라고 묻는 습관은 생각보다 훨씬 중요하다 118
- 그들은 왜 그 기술과 방식을 채택했을까 120
- 경쟁사의 동향을 파악하고, 인사 정보에 주목하라 124
- 초기 비용 없이 손쉽게 만들기 시작하는 시대 126
- AI의 눈과 가상현실: 제2의 캄브리아기 폭발 128
- 가상현실: 라이프스타일을 바꿀 무한한 기회 129
- 거대한 기술의 이면에는 우리를 위한 혜택이 있다 131

제3장 지식과 아이디어를 활용하는 법

- 의사소통은 생각보다 훨씬 더 중요하다 137
- 배경이 다른 사람들이 같은 전제를 공유하기는 어렵다 139
- 트렌드를 이해하고 활용 방안을 주체적으로 생각하라 141
- 자기 분야의 정보는 꾸준히 확인하자 143
- 잡담은 아이디어를 다듬는 중요한 요소다 145
- 성공은 기존 요소의 새로운 조합에서 탄생한다 147
- 해본 적 없더라도 전문가가 알려주면 시도해도 좋다 150
- 다른 회사의 자원과 기술을 조합하여 성공을 모색하자 153
- 과학에서 비즈니스로 나아가려면 154
- 껍데기만 남은 규칙이나 과거 성공 방식은 일부러 부순다 156
  - **칼럼 1** 오픈소스는 '무료'라는 환상에서 벗어나야 한다 159
- AI가 있는 미래를 다양하게 상상하는 사람이 앞서 나간다 162
- 3D 프린터로 비행기 부품에서 배양육까지 163
- 네트워크는 이제 구시대의 유물이다 166
- 5G가 열어갈 미래의 다양한 가능성 168
- 5G는 엔터테인먼트 산업에 완전히 다른 모습을 가져온다 170
- 로봇이 동료가 되는 날 172
- 자율주행은 패러다임을 바꾼다 175
- 자율주행이 당연한 세상에서 태어나는 비즈니스 177
- 사물인터넷(IoT)이 세상을 바꾼다 180

제4장 철저하게 상상하면 만들 수 있다

- '수파리'를 실행하자 187
- '고령화사회 일본'은 기회로 가득하다 191
- 만들 수 있다면 나이는 숫자일 뿐이다 194
- 항상 차선책을 준비해 둔다 196
  - **칼럼 2** 프로젝트에는 작게라도 출구를 마련한다 199
- '해내면 대단할 것이다'라는 느낌은 이성을 뛰어넘는다 200
  - **칼럼 3** '시련의 벽'을 넘어 새로운 '사업'을 만든다 203
- 성공작을 만들려면 사용자를 어린이라고 생각하자 206
- 최대한 사용자의 입장에서 상상하자 209
- 가슴이 뛰는 쪽을 선택하라 212
- 혁신은 중심부가 아닌 변두리에서 시작된다 215
  - **칼럼 4** 당신의 부서는 핵심인가, 변두리인가, 혹은 쇠퇴하는 중인가 219
- 경직된 PDCA는 이제 그만두자 222
- 동료야말로 필수 인프라다 226
  - **칼럼 5** 플레이스테이션다운 사회 공헌 229
- 당장 수익이 없더라도 미래를 위한 투자는 계속되어야 한다 232
- 없으면 직접 만든다 234
- 당장 도움이 안 되어도 소중히 여겨야 할 것들 236
- 일을 사랑하는 프로만이 일류가 된다 238
- 같은 상품이라도 레시피는 계속 변한다 241
- 제품 확인 과정은 절대 소홀히 해선 안 된다 245
- 지금 하는 일에서 불필요한 것을 찾아내는 훈련을 한다 247

■ 맺음말 253

일러두기

• 본문 중 각주는 모두 역주이다.

제1장
쓸데없는 상상에서 시작하자

안다, 사용한다, 만든다

무언가 만들어내고 싶다면 가장 먼저 자신이 해당 분야에서 '안다(わかる)', '사용한다(使える)', '만든다(つくれる)' 중 어느 단계에 있는지부터 파악해야 한다. 우리는 과연 '안다', '사용한다', '만든다'의 세 단계 중 어디쯤 자리 잡고 있을까. 각 단계의 의미와 차이를 명확히 인식하는 과정은 앞으로 나아갈 방향을 설정하는 데 매우 중요하다.

음악 분야를 예로 들어 생각해 보자. 악보를 읽을 줄 '아는' 사람은 아주 많다. 악보를 보고 악기를 직접 연주하며 음악을 '사용할' 수 있는 사람도 그보다는 적지만 꽤 많다. 하지만 스스로 새로운 곡을 '만드는' 사람은 극히 드물다. 나아가 음악을 직업으로 삼아 사람들에게 감동을 주는 곡을 꾸준히 만들어내는 수준의 전문가는 그야말로 극소수에 불과하다. 이처럼 '안다', '사용한다', '만든다'는 완전히 다른 차원의 이야기다.

게임 산업 역시 마찬가지다. 수많은 사람들이 게임을 즐기며 시간을 보내지만('사용한다'), 직접 새로운 게임을 기획하고 개발하여 세상에 내놓는('만든다') 사람은 그에 비해 훨씬 적다. 얼핏 당연해 보이지만 현실에서는 이러한 차이가 얼마나 중요한지 제대로 인지하지 못하는 사람이 의외로 많다.

어떤 분야든 진정 전문가로서 성공하려면 단순히 지식을 '아는' 수준이나 기존의 도구를 '사용하는' 수준에만 머물러서는 안 된다. 하지만 현실에서는 이러한 단계별 차이를 간과한 채 무작정 새로운 도전에 뛰어드는 경우가 종종 있다.

한때 플랫폼 비즈니스가 크게 유행하면서 수많은 기업이 너도나도 이 사업에 뛰어들겠다고 선언했다. 그러나 결과적으로 대부분의 기업은 GAFA 등이 이미 구축해 놓은 거대 플랫폼을 활용하여 자사 서비스를 제공하는 수준에 머물렀다. 그들은 플랫폼을 단순히 '사용'했을 뿐이다. 진정한 의미에서 플랫폼 사업을 하려면 플랫폼을 직접 '만들고' 그 위에서 새로운 가치를 창출해야 한다. 이처럼 무언가를 스스로 만들어낼 때 비로소 이전과는 비교할 수 없는 커다란 기회가 찾아온다.

물론 "세상에 없던 새로운 가치를 만들어내는 사람은 원래 극소수 아닌가?"라고 반문할 수도 있다. 실제로 게임을 즐기거나 악기를 연주하는 사람이 1만 명이라면, 그중에서 새로운 게임이나 곡을 창조하는 사람은 단 한두 명에 불과할지도 모른다. 설령 무언가를 만들어낸다고 해도 그것이 성공으로 이어지기까지는 개인의 역량뿐 아니라 운이나 시대적 흐름 등 수많은 외적 요인이 복합적으로 작용한다.

하지만 현재 일본 사회가 직면한 더 큰 문제는 성공 여부를 떠나 애초에 무언가를 새롭게 '만들어내려는' 시도 자체가 극도로 부족하다는 점이다.

크리에이터는 도전하는 사람

흔히 '크리에이터(Creator)'라고 하면 음악가나 엔지니어처럼 특정 전문 기술을 가진 사람을 떠올리기 쉽다. 하지만 크리에이터의 영역은 단순히 예술이나 기술에만 국한되지 않는다. 때로는 우리 모두가 직접 크리에이터가 될 수 있다. 사회에 필요한 새로운 산업이나 제도를 만들어내는 사람 역시 넓은 의미에서 크리에이터라고 할 수 있다.

일본 메이지(明治) 시대에 수많은 기업 설립을 주도했으며 2024년부터 발행된 일본 1만 엔 지폐의 새로운 인물이 된 시부사와 에이이치(渋沢栄一) 역시 위대한 크리에이터였다. 그는 당시 일본 사회에 무엇이 필요한지 깊이 고민한 뒤 은행, 호텔, 가스, 철도, 제지 등 국가 발전을 담보하는 다양한 산업과 기간 시설을 일으키는 데 앞장섰다.

흔히 무언가 새로운 것을 만들려면 관련 분야의 전문 지식을 아주 깊이 파고들어야 한다고 생각하기 쉽다. 하지만 반드시 그렇지는 않다. 물론 은행을 새로 만들고자 한다면 최소한 은행업의 기본적인 비즈니스 모델이나 관련 규제 정도는 알아두는 편이 좋다. 그렇다고 해서 은행 창구의 세세한 업무 절차나 복잡한 자금 운용 방법까지 모두 꿰고 있을 필요는 없다. 오히려 시부사와 에이이치가 그랬던 것처럼 오늘날 사회에 무엇이 필요할지, 어떤 것을 만들면 좋을지를 더 고민하면 어떨까. 처음에는 다소 막연하게 느껴질지라도 확신을 가지고 비전을 제시하는 태도가 때로는 더 중요하다.

제조업 분야에서도 마찬가지다. 소니의 역사를 다룬 웹사이트 '소니 히스토리(Sony History)'에 따르면, 세계적인 히트 상품 '워크맨(Walkman)'은 소니의 공동 창업자 이부카 마사루가 해외 출장길 비행기 안에서 '개인이 간편하게 휴대하며 음악을 들을 수 있는 작고 가벼운 기기가 있으면 좋겠다'고 생각한 데서 출발했다고 한다. **이처럼 세상에 없던 무언가를 만들고 싶다는 강렬한 열정과 아이디어야말로 혁신의 가장 중요한 출발점이다.**

무언가를 새롭게 만들어내는 데 꼭 필요한 조건 중 하나는 바로 '도전 정신'이다. 새로운 시도를 할 때 주변에서 반대하는 목소리가 나오는 것은 어쩌면 당연하다. '리스크가 너무 크다', '과거에 그런 전례가 없다'라며 만류하는 사람이 대부분이고, 처음부터 두 팔 벌려 환영하는 일은 거의 없다. **이는 어쩌면 많은 사람들이 기존의 지식을 '알고' 그것을 '사용하는' 단계에는 익숙하지만, 세상에 없던 새로운 것을 '만드는' 방법 자체를 모르기 때문일 수도 있다.** 하지만 새로운 가치를 창조하려면 이러한 저항과 편견에 맞서 도전하는 일이 반드시 필요하다.

'만드는 사람'이 나오기 어려운 시대

무언가를 새로 만들려고 할 때 주변의 반대에 부딪혀 포기할 것인가, 그럼에도 계속 앞으로 나아갈 것인가. 이러한 갈림길에서 '만드는 사람'과 그러지 않는 사람의 운명이 나뉜다.

만드는 사람은 도전을 멈추지 않는다. **하지만 오늘날 일본에서 새로운 무언가에 도전하는 일은 결코 쉽지 않다.** 일본 사회가 실패에 너그럽지 못하다는 점은 이미 널리 알려진 사실이다. 게다가 최근에는 기업들이 다소 더디게 성장하더라도 법규 준수나 내부 통제, 즉 '컴플라이언스(Compliance)'를 우선시하는 경향이 강해지면서 새롭게 도전하기가 더욱 어려워졌다.

하지만 도전에 임할 때 가장 중요한 것은 결국 자신의 내적 동기이다. 설령 도전이 당장 원하는 결과를 가져다주지 못하더라도 끝까지 포기하지 않고 계속 시도한다면 그 경험은 결코 완전한 실패로 끝나진 않는다.

발명왕 토머스 에디슨(Thomas Alva Edison)은 전구를 발명하기까지 1만 번이 넘는 실험을 했다고 전해진다. 하지만 에디슨은 그 과정을 실패라고 생각하지 않았다. 그는 "나는 실패한 것이 아니라, 단지 잘 작동하지 않는 방법 1만 가지를 발견했을 뿐이다(I have not failed. I've just found 10,000 way that won't work.)."라는 유명한 말을 남겼다.

물론 현실적으로 1만 번이나 도전하는 일은 누구에게나 어렵다. 하지만 적어도 다섯 번 혹은 열 번 정도는 충분히 시도해 볼 수 있지 않을까. 그런데도 많은 이들이 두세 번은커녕

단 한 번의 실패에도 쉽게 좌절하고 포기해 버린다.

그렇다고 해서 앞뒤 가리지 않고 무모한 도전을 하라는 의미는 결코 아니다. 예를 들어 당신의 친구가 아무런 준비 없이 갑자기 "오타니 쇼헤이(大谷翔平)처럼 메이저리그 야구 선수가 되겠다!"라고 선언한다면, 당연히 현실적인 어려움을 이야기하며 다시 한번 신중하게 생각해 보라고 조언할 것이다. 하지만 자신이 그동안 쌓아온 경험이나 기술, 다양한 역량을 조합하여 시도했을 때 실현 가능성이 전혀 없지는 않다고 판단된다면 어떨까. 그럴 땐 긍정적인 마음으로 도전해 볼 가치가 충분하다.

물론 위험을 감수하는 과정을 두려워하거나 모험 자체를 꺼리는 성향인 사람도 있다. 그런 사람이 무언가 새로운 것을 만들고 싶다면 '도전하는 사람'과 적극적으로 협력하는 방법도 있다. 뜻을 같이하고 함께 도전할 동료를 모으면 된다.

오늘날 일본 사회에는 해결해야 할 과제가 산적해 있다. 이러한 문제를 해결하기 위해서는 반드시 새로운 무언가를 '만들어내는 힘'이 필요하다. 설령 직접 문제를 해결할 방법을 만들지는 못하더라도, 사회 곳곳에 어떤 문제가 있는지 예리하게 발견하고 그 문제를 해결하기 위해 무엇이 필요한지 깊이 생각하기만 해도 중요한 역할을 할 수 있다.

문제를 명확히 정의하고 필요한 것을 파악했다면 그것을 실제로 구현하고 만들어낼 수 있는 사람들과 힘을 합치면 된다. 직접 무언가를 만들어내는 실행력도 중요하지만 '이 문제를 해결해 보겠다', '새로운 무언가를 시도해 보겠다'는 의지를 가지는 것이야말로 모든 변화의 진정한 시작이다.

'만드는 사람'이 되는 세 가지 비결

'만드는 사람'이 되려면 어떻게 해야 할까. 앞으로 책에서 구체적인 방법을 다루겠지만 그에 앞서 일에 임하는 기본적인 마음가짐을 크게 세 가지로 나눠 이야기하고 싶다. 바로 '재미있는 일을 한다', '남다른 사람에게서 배운다', 그리고 '자신만의 길을 간다'이다.

먼저 '재미있는 일을 한다'에 대해 이야기하겠다. 나는 지금까지 소위 '커리어 패스'를 미리 설계하거나 구체적인 경력 목표를 세우고 일해본 적이 거의 없다. 그저 내가 흥미를 느끼고 **재미있다고 생각하는 일을 따라가다 보면, 자연스럽게 나만의 경력이 만들어졌다.**

중학생 시절 소니에서 만든 단파 라디오로 해외 방송을 즐겨 듣다 보니 막연히 소니에 들어가고 싶다고 생각하긴 했지만, 구체적으로 특별히 하고 싶은 일은 없었다. 이후 플레이스테이션 개발팀에 합류하게 된 계기도 내가 컴퓨터 그래픽(CG)을 공부했다는 이야기를 우연히 들은 동료가 해당 부서를 추천해 주었기 때문이다. 그 후 라쿠텐(Rakuten)으로 옮기게 된 것 역시 거창한 목표가 있어서라기보다는 흥미로운 제안을 받았기 때문이다.

이처럼 나는 지금까지 특정한 직위나 경력을 목표로 삼아 일을 선택하지는 않았다. 오히려 주변에서 나의 경험과 전문성을 보고 함께 일하자며 제안한 일을 하다 보니 지금에 이르렀다. 다행히 그 과정에서 진심으로 흥미를 느끼는 일을 만날 기회가 많았다. 그래서 나는 '커리어'란 억지로 만드는 것이 아니라 스스로 재미있다고 느끼는 일을 꾸준히 하다 보면 자연스럽게 뒤따라오는 결과물이 아닐까 하고 생각한다.

내가 오랫동안 일하면서 지켜본 결과, 어떤 분야에서든 가장 강력한 힘을 발휘하는 사람은 바로 '자신이 하는 일에 푹 빠져있는 사람'이다. **이런 사람들은 아무리 노력해도 쉽게 따라잡기 어렵다.** 그들은 일을 너무나 좋아해서 깨어있는 내내 일을 생각하고, 심지어 쉬는 시간조차 일의 연장선상으로 활용한다. 그런 사람들을 넘어서려면 하기 싫은 일을 억지로 참으면서 하기보단 그들보다 더 깊이 몰입할 수 있을 만큼 진심으로 재미를 느끼는 일을 찾아야 한다. 결국 사람은 재미있는 일을 할 때 가장 몰입할 수 있다.

어쩌면 당신은 지금 하는 일이 그다지 마음에 들지 않을 수도 있다. 그렇다면 주어진 일을 그대로 받아들이기보단 자신만의 의미와 재미를 찾아 몰입할 수 있도록 일의 내용을 다시 정의하고 설계해 보면 어떨까.

평범함을 거부하는 괴짜에게서 배운다

앞서 '재미있는 일을 추구하라'고 이야기했다. 그런데 스스로 재미있다고 느끼는 일에 깊이 몰두하는 사람 중에는 때때로 일반적인 상식의 틀에서 벗어난 탓에 괴짜처럼 보이는 이들이 적지 않다. 나도 지금까지 여러 회사를 거치면서 수많은 괴짜 혹은 남다른 개성을 가진 사람들을 만났다.

그들은 자신이 열정을 쏟아 만든 기술이나 제품에 깊은 애정을 품고 있으며, 그것이 세상을 바꿀 새로운 가치를 창출할 수 있다고 굳게 믿는다. 소니가 창업 초기에 '튀어나온 못(개성이 강한 인재)'을 찾는다는 파격적인 채용 공고를 냈던 일화는 유명하다. 이는 기존의 상식이나 관행에 얽매이지 않고 그것을 뛰어넘어 혁신을 만들어낼 비범한 인재를 찾고자 하는 의지의 표현이었다.

실제로 난관을 돌파하고 새로운 길을 여는 사람들은 자기 확신이 강한 경우가 많다. 그리고 그들의 자신감은 단순히 근거 없는 믿음이나 착각이 아니다. 나 또한 그런 사람들이 결국에는 세상에 새로운 가치를 만들어내는 모습을 여러 번 직접 목격했다.

왜 '괴짜'들이 새로운 가치를 창출하는 데 강할까. 무엇보다 그들이 보통 사람들과는 전혀 다른 시각과 관점으로 세상을 바라보기 때문이다. 괴짜들은 기존의 통념이나 상식을 당연하게 받아들이지 않고, 끊임없이 의심하며, 이면에 숨겨진 본질을 탐구하고자 노력한다.

내가 처음 소니에 입사했을 때 소속됐던 개발 연구소의 소장은 앞서 언급했던 기하라 노부토시(木原信敏) 씨였다. 테이프 리코더 개발의 주역으로 유명한 그는 당시 소니의 전무이사라는 높은 직책을 맡았는데, 그가 이끌던 연구소는 '기하라 학교'라고 불릴 만큼 혁신적인 제품과 뛰어난 엔지니어들을 끊임없이 배출했다.

기하라 씨는 이미 임원의 자리에 오른 업계의 베테랑이었지만, 당시 인공지능(AI) 연구에 사용되던 'LISP'라는 프로그래밍 언어를 깊이 파고들어 독자적인 기능을 추가한 '기하라 LISP'를 직접 개발할 정도로 식지 않는 기술적 열정을 보여주었다. 젊은 엔지니어들과 스스럼없이 어울리고 기술에 대해 열띤 토론을 벌이며 즐거워하던 그의 모습이 지금도 눈에 선하다.

오늘날 많은 기업에서 단기적인 성과주의를 강조하다 보니 개인별로 측정할 수 있고 달성하기 쉬운 목표를 설정하는 경우가 많다. 물론 목표가 명확하다는 장점도 있지만, 자칫하면 직원들이 단기 목표 달성에만 급급해서 이기적으로 행동하거나 더 큰 가치를 위해 도전하기를 외면할 위험도 크다.

반면 '괴짜'들은 대부분 눈앞의 성과보단 항상 5년, 10년 후의 미래를 내다보며 움직인다. 단기적인 시각으로는 세상을 바꿀 만한 진정한 가치를 만들어낼 수 없다는 사실을 알기 때문이다. 이처럼 당장의 이익이나 평가에 연연하지 않고 새로운 가치를 창조하는 일에 열정을 쏟는 사람들이야말로 진정한 의미의 '창조자'다.

AI 시대, 결국 만드는 사람이 주인공이다

괴짜들은 자신이 상상하는 미래의 이야기를 굳게 믿고, 그것이 현실이 될 때까지 흔들림 없이 나아간다. 비록 단기적인 성과주의와는 거리가 멀어 보여도 궁극적으로 미래의 새로운 가능성과 기회를 만들어내는 사람이 이들이다.

좁은 시야에 갇혀 성장이 정체되거나 쇠퇴하는 산업 또는 기업은 단순히 주어진 일을 시키는 대로 하는 사람이 아니라, 누군가의 지시가 없어도 스스로 문제를 발견하고 해결책을 기획하며 실행하는 사람을 필요로 한다.

디지털 기술과 인공지능이 급속도로 발전함에 따라 방대한 데이터 처리나 고도의 정확성이 요구되는 반복적인 업무는 점차 인간의 손을 떠나 컴퓨터의 영역이 되고 있다. 디지털 노동력이 빠르게 인간을 대체하면서, 자신의 일자리가 언제든 기계로 대체될 수 있다는 불안감 또한 커지고 있다. 앞으로 사회가 개인의 능력을 평가하는 기준은 과거와는 완전히 달라질 것이다.

이러한 시대적 변화 속에서 오히려 '괴짜'와 같이 기존의 틀을 깨고 새로운 것을 생각하는 창조적인 인재들의 가치는 더욱 높아진다. **기계처럼 정확하고 효율적으로 처리해야 하는**

업무는 컴퓨터나 AI가 담당하는 대신 인간은 새로운 아이디어를 구상하고, 독창적인 이야기를 만들며, 사람들과 공감하는 등 더욱 비정형적이고 창의적인 영역에서 가치를 발휘하게 될 것이기 때문이다.

사회가 단기적인 성과주의에 매몰될수록 냉철한 통찰력과 창조적인 열정을 가진 괴짜의 존재는 역설적으로 더욱 중요해진다. 그런 존재가 없다면 사회와 산업의 지속적인 발전 또한 기대하기 어렵다.

이 글을 읽는 독자 여러분도 바로 그런 '만드는 사람', '창조하는 사람'이 되기를 바란다. 만드는 사람이 되면 매일 반복되는 것처럼 보이는 업무에서도 새로운 의미와 개선점을 발견하고 다른 각도에서 문제를 바라볼 수 있다. 나아가 자신이 하는 일에서 더욱 큰 사회적 의미를 발견하고, 일에 대한 이해 또한 훨씬 깊어지는 경험을 하게 될 것이다.

AI를 사용하면 이전과 다른 세상이 보인다

챗GPT와 같은 생성형 AI 서비스 덕분에 이제 일반인도 인공지능 기술을 매우 손쉽게 접하고 활용할 수 있다. 머지않은 미래에는 AI를 얼마나 능숙하게 활용하는지가 개인의 핵심 능력 중 하나로 자리 잡을 것이며, 이에 따라 업무 역량의 격차도 더욱 벌어질 것이다.

AI는 인간의 지적 능력을 크게 확장하는 도구가 될 수 있다. 이해하기 쉬운 예로 일본의 전통 보드게임인 장기를 들 수 있다. 일본 최연소 프로 장기 기사이자 다수의 타이틀 보유자인 후지이 소타(藤井聡太)가 AI를 활용하여 과거 기보(棋譜, 대국 기록)를 분석하고 전략을 연구한다는 사실은 널리 알려져 있다. **또한 바둑 분야에서도 많은 프로 기사들이 AI와의 대국 연구를 통해 전체적인 기력(棋力)이 과거보다 크게 향상되었다는 평가를 받는다. 이는 어찌 보면 당연하다. 방대한 데이터를 학습한 AI와 끊임없이 대련하고 이를 분석하며 인간의 수읽기 능력과 전략적 사고 역시 자연스럽게 발전할 수밖에 없기 때문이다.**

게다가 AI는 이전에 평가절하되었던 오래된 방법이나 전략의 가치를 재발견하는 계기를 마련하기도 한다. 장기나 바둑계에서는 이미 이러한 현상이 나타나고 있다. **AI의 정밀한 분석을 통해 과거의 특정 전술이나 수가 재평가되면서, 기존에는 '나쁜 수' 혹은 '시대에 뒤떨어진 수'로 여겨졌던 접근법이 실제로는 상당히 유효하거나 특정 상황에서 강력한 힘을 발휘한다는 사실이 밝혀지기도 한다.

이처럼 데이터를 기반으로 분석하다 보면 과거에는 좋지 않다고 여긴 방법이 실은 매우 효과적이거나 합리적이었다고 재평가되는 일이 드물지 않다. 이러한 현상은 비단 게임 업계뿐 아니라 실제 비즈니스 현장에서도 얼마든지 일어날 수 있다.

우리는 종종 뚜렷한 데이터나 논리적 근거 없이 과거 경험이나 막연한 통념에 기대어 안 된다고 반대하는 경우를 본다. 하지만 객관적인 데이터를 바탕으로 기존 상식이나 과거의 실패 사례를 다시 한번 검토해 보면 오랫동안 '금기'처럼 여겨졌던 사업 아이디어나 접근 방식이 사실은 매우 유망한 기회였다는 결론에 이를 수도 있다.

시대는 끊임없이 변한다. 과거에 실패했다고 해서 이번에도 반드시 실패하리라는 법은 없다. 그사이 관련 법규나 규제가 바뀌었을 수도 있고, 시장의 니즈나 사회적 인식이 달라졌을 가능성도 있다. 따라서 새로운 프로젝트를 검토할 때 단순히 '과거에 시도한 적이 없어서' 또는 '예전에 실패했던 아이템이라서'와 같은 이유만으로 쉽게 단정 짓지 말아야 한다. 객관적인 데이터와 현재 상황에 관한 분석을 통해 가능성을 다시 한번 자세히 검토하는 자세가 필요하다.

AI는 인간의 편견과 상관없이 합리적이고 객관적인 분석을 수행한다. 그렇기에 재검토 과정에서 새로운 가능성을 발견하도록 돕는 강력한 도구가 될 수 있다.

결론적으로 AI는 인간의 능력을 확장하는 동시에 우리가 당연하게 여겼던 기존 방식이나 생각에 대해 다시 한번 질문을 던지게 만든다. 이러한 AI의 잠재력을 염두에 두고 현명하게 활용한다면 분명 이전과는 다른 새로운 기회와 가능성을 발견할 수 있을 것이다.

타인의 시선을 의식하지 말고 자신만의 길을 걷는다

창조하는 사람에게 이직은 때로 매우 효과적인 수단이 되기도 한다. 우리 사회는 점점 더 특정 분야에 깊이 있는 전문성을 갖춘 스페셜리스트를 요구하는 시대로 나아가고 있다. 물론 한 기업에 오래 머물며 다양한 경험을 쌓는 방법도 경력 개발에는 좋다. 하지만 사회 전체로부터 배운다는 생각으로 의도적으로 이직을 하며 여러 회사에서 폭넓은 시야를 확보하고 경력을 설계하는 방법도 충분히 고려해 볼 만하다.

여러 회사를 경험하면 각기 다른 조직 문화와 업무 환경 속에서 많이 배우고 성장할 수 있다. 다양한 상황에 대처하는 능력과 문제 해결 능력 역시 자연스럽게 향상된다. 물론 나이가 들수록 새로운 환경에 적응하고 이직을 결심하기까지 더욱 많은 용기가 필요하다. **하지만 다른 사람의 시선이나 사회적 통념에 얽매이지 않고 선택한 자신만의 길을 걸어가는 삶은 그 자체로 매우 흥미롭고 가치 있다.** 다양한 기업과 환경에서 쌓은 경험은 어떤 형태로든 미래에 반드시 도움이 되며 결코 헛되지 않을 것이다.

재미있는 일을 추구하고, 남다른 사람에게 배우며, 자신만의 길을 간다.

이 세 가지는 창조하는 사람이 일할 때 지녀야 할 중요한 자세다. 빠르게 변화하는 사회에서 앞으로 이러한 태도가 더욱 중요해질 것은 분명하다.

흔히 '인생 100세 시대'라고들 하는데, 나는 75세 정도까지는 계속 현역으로 일하고 싶다. 지금까지의 경험에 비추어 보면 새로운 플랫폼을 하나 개발하는 데는 대략 7년, 새로운 사업을 구상하고 시작하는 데는 약 5년 정도의 시간이 필요하다. 올해로 60세가 된 나는 남은 시간 동안 서너 번 정도 새로운 도전을 더 해보는 것을 개인적인 목표로 삼고 있다.

앞으로도 재미있다고 느끼는 일을 좇고, 비범하고 특이한 사람들에게서 배우며, 다른 사람의 시선에 흔들리지 않고 나만의 길을 묵묵히 걸어가는 자세를 잃지 않으며 살아가고 싶다.

쓸데없는 상상을 하는 인재가 되자

'이런 상품이 있으면 정말 편리할 텐데…', '이런 시스템이 있다면 모두가 훨씬 편하게 사용할 수 있을 텐데…' 누구나 한 번쯤 이런 상상을 해본 경험이 있지 않을까. 하지만 우리는 어른이 되면서 현실적인 제약과 실현 가능성을 먼저 따지고 자유로운 상상력에 스스로 한계를 두곤 한다.

그러나 무언가를 만드는 크리에이터가 되려면 현실의 제약 없이 자유롭게 상상하고, 때로는 '망상'에 가까운 아이디어를 펼치는 능력이 매우 중요하다. 대담하게 상상하지 않으면 세상에 없던 새로운 제품이나 서비스는 결코 탄생할 수 없다.

그런 생각이 세계의 일류 기업에서 제품으로 구현될 수 있을지 여부는 나중 문제다. 우선은 '이런 것이 있으면 좋겠다!'라는 생각을 바탕으로 끊임없이 새로운 가능성을 상상하는 과정이 선행되어야 한다.

애플(Apple)은 혁신적인 신제품이나 서비스에 대한 아이디어를 평소 꾸준히 축적해 두고, 매년 기술의 발전 수준을 고려하여 실현 가능성을 점검한다고 한다. 아마존(Amazon) 역시 일반인의 시각에서는 다소 터무니없어 보이는 아이디어라도 제품 개발에 앞서 미리 특허를 확보해 둔다고 알려져 있다. 아마존은 고객이 주문한 상품을 드론으로 배송하는 시스템이나 벌집 모양의 고층 빌딩에서 상품을 배송하는 시스템 등 이미 다양한 특허를 보유하고 있다. 이들 기업이 이러한 아이디어까지 특허로 확보하는 데는 이유가 있다. 언젠가는 그게 현실이 될 수 있다고 믿기 때문이다.

다행히 오늘날은 과거에 비해 상상을 현실로 바꾸기가 훨씬 쉬운 환경이 마련되었다. 예컨대 재미있는 아이디어를 SNS에 공유하면 회사 내부는 물론 외부에서도 그에 공감하거나 함께 하고 싶어 하는 사람들을 비교적 쉽게 모을 수 있다.

창업의 문턱 자체도 크게 낮아졌다. 과거에는 IT 기반 사업을 시작하려면 서버를 직접 구매하거나 임대하는 데 상당한 초기 비용이 들어갔지만, 이제는 클라우드 컴퓨팅 서비스를 활용하면 아주 적은 비용으로도 얼마든지 도전할 수 있다. 법무나 재무, 회계 같은 전문적인 업무 또한 외부 전문 업체(아웃소싱)를 활용하면 된다. 머지않아 정형화된 업무는 모두 인공지능이 대신할 것이라는 예측도 더 이상 터무니없는 소리가 아니다. **어쩌**

면 가까운 미래에는 최고경영자(CEO)를 제외한 대부분의 실무를 AI가 담당하는 회사가 일반적인 형태로 자리 잡을지도 모른다.

다소 비현실적으로 들릴 수도 있겠지만 실제로 나는 이전 직장에서 최고재무책임자(CFO)의 업무 중 일부를 AI로 자동화하는 프로젝트를 담당했다. 감사나 세무처럼 논리적 정확성이 중요한 업무는 인간보다 AI가 더욱 정확하고 효율적으로 처리할 수 있다. 의료 분야에서 AI가 영상 자료를 판독하여 질병을 진단하는 것과 같은 맥락이다.

이처럼 AI가 대부분의 실무를 대신하는 시대가 온다면 개인은 훨씬 적은 자본과 인력으로도 회사를 설립하고 운영할 수 있다. 경영자는 실무 부담에서 벗어나 사업의 본질적인 방향 설정이나 새로운 가치 창출과 같은 핵심 업무에만 집중할 수 있다.

미래에는 상상력이야말로 다른 무엇과도 비교할 수 없는 중요한 능력이 될 것이다.

기회를 잡으려면
긍정적인 태도가 필요하다

소니의 창업자 모리타 아키오는 후배들에게 "항상 뼛속까지 긍정적인 사람이 되어라"는 말을 남겼다.

오랫동안 첨단 기술 개발 업무에 몸담으면서 나 역시 이 말의 중요성을 절실히 느꼈다. 돌이켜 보면 성공하는 프로젝트와 실패하는 프로젝트는 시작 단계부터 참여하는 팀원들의 태도에서 이미 차이가 드러난다. **잘 풀리지 않는 프로젝트는 초기부터 팀원들이 잠재적인 위험 요소나 걱정거리를 먼저 늘어놓는 경향이 있다.**

이들은 '과거에 비슷한 시도가 실패했다', '예산도 시간도 부족하다' 등 주로 '안 될 이유'를 찾는 데 집중한다. 물론 프로젝트의 리스크를 미리 파악하고 대비하는 것은 중요하지만, 처음부터 실패를 염두에 두고 접근하면 오히려 성공할 가능성마저 스스로 차단해 버리는 셈이다.

설령 과거에 비슷한 시도가 실패했다고 해도 세상은 끊임없이 변한다. 기술 환경도, 시장 상황도, 소비자들의 요구도 계속해서 달라진다. 상황이 바뀌었음에도 과거의 실패 경험만을 기준으로 잡은 뒤 이번에도 안 될 거라며 미리 단정하고 포기하는 태도야말로 오히려 비합리적이고 비과학적이다.

반면 성공하는 프로젝트의 구성원들은 기본적으로 낙관적이며 실패 자체를 크게 걱정하지 않는다. **오히려 새로운 도전에 대한 기대감과 흥미를 느끼면서 긍정적인 분위기를 만들어간다.** 물론 근거 없는 낙관주의는 아니다. 그들은 자신들이 도전하는 목표가 충분히 실현될 수 있으며 성공 확률이 높다고 믿는 나름의 이유와 논리, 그리고 미래에 대한 전망을 갖추고 있다.

결국 중요한 것은 주어진 정보나 상황을 어떤 관점에서 받아들이고 해석하는가의 문제다. 예를 들어 성공 확률이 50퍼센트라고 할 때, 실패 가능성 50퍼센트에 주목하는 대신 성공 가능성 50퍼센트에 초점을 맞추고 나아가야 한다. 긍정적이고 낙관적인 태도를 가진 사람들은 자연스럽게 새로운 접근법을 시도하고, 문제 해결을 위해 전문가의 의견을 적극적으로 구하며, 목표 달성을 향한 구체적인 행동을 실천하는 경향이 있다. 그렇기에 여러 번의 성공 경험을 가진 사람들을 보면 대개 긍정적이고 낙관적인 성향이 두드러지는 경우가 많다.

'어떻게(HOW)'가 아니라
'왜(WHY)'를 물어야 한다

오랫동안 일본은 완전히 새로운 것을 만들어내기보다 이미 존재하는 제품이나 서비스를 효율적으로 운영하고 빠르게 모방하는 능력만으로도 충분한 성공을 거뒀다. 그리고 이러한 능력이 높이 평가받았다.

하지만 시대는 변했다. 오늘날 글로벌 비즈니스 환경은 GAFA로 대표되는 '승자가 모든 것을 가져가는(Winner Takes All)' 구조로 재편되었다. 네트워크 기술이 발달하면서 뛰어난 제품이나 서비스에 대한 정보는 순식간에 전 세계로 확산되고, 그 결과 시장의 1위와 2위 이하 후발 주자들 사이의 격차는 과거와 비교할 수 없을 만큼 압도적으로 벌어지는 경우가 많아졌다.

인터넷이 보편화되기 이전에는 비슷한 수준의 제품을 만드는 여러 기업이 시장을 나누며 균형 있게 경쟁하는 것이 일반적이었다. 하지만 지금은 시장의 승자가 되려면 경쟁자와는 확연히 다른 차이를, 그것도 매우 빠르게 만들어내야만 한다.

이러한 경쟁 환경에서는 '어떻게(HOW) 만들 것인가'보다 '왜(WHY) 만들어야 하는가'라는 질문이 훨씬 더 중요하다. 눈앞의 문제를 해결하는 방법에만 집중하기 전에 '이 문제가 왜 중요하며, 해결해야 할 근본적인 문제는 과연 무엇인가'를 먼저 고민해야 한다는 뜻이다.

흔히 일본인들은 주어진 문제를 효율적으로 해결하는 능력은 뛰어나지만 문제 자체를 새롭게 정의하거나 본질적인 질문을 던지는 능력은 상대적으로 부족하다는 평가를 받는다. 하지만 문제 자체가 잘못 설정되었다면 아무리 뛰어난 해결책을 제시해도 결국 아무 소용이 없다.

따라서 우리는 '문제를 정의하는 방식' 자체부터 근본적으로 다시 생각해야 한다. 그렇게 할 때 비로소 같은 상황이더라도 이전과는 전혀 다른 관점에서 문제를 바라보고 새로운 해결책을 발견할 수 있다. 문제의 본질을 깊이 파고드는 과정에서 진정한 혁신이 탄생한다.

예를 들어 당신 앞에 한쪽으로만 열리도록 설계된 문이 있다고 가정해 보자. 그런데 이 문이 잘 열리지 않아 불편함을 겪고 있다. 이때 어떻게 문제를 해결하겠는가? 많은 사람들은 문고리에 기름칠하거나, 경첩의 나사를 조절하거나, 손잡이를 바꾸는 등의 방법을 먼저 떠올릴 것이다. 이는 모두 '어떻게(HOW)' 고칠 것인가에 대한 고민이다. 하지만 문제의 근본 원인은 어쩌면 문 자체가 잘못 설계되었거나, 설치된 손잡이의 형태가 사용 목적에 적합하지 않기 때문일 수도 있다. 이것이 바로 '왜(WHY)' 문제가 발생하는가에 대한 고민이다.

많은 이들은 당장의 불편을 해소하는 표면적인 해결책에만 집중하는 경향이 있지만, 문제의 진짜 원인은 애초에 잘못된 설계나 구조와 같은 근본적인 측면에 있을 가능성이 크다. 이 근본 원인을 파악하고 해결해야만 최적의 해결책을 찾을 수 있다.

그런데도 사람들은 대부분 쉽고 익숙한, 피상적인 해결책에 먼저 손을 뻗는다. 이는 어쩌면 오랫동안 주어진 문제에 대한 정답만을 빠르고 정확하게 찾도록 요구해 온 교육 시스템의 영향일지도 모른다. 하지만 이제는 질문 자체를 새롭게 설정하고 문제의 본질을 파고드는 능력이 필요한 시대가 되었다.

질문을 바꾸면 이전에는 보이지 않던 새로운 풍경이 펼쳐진다. 예를 들어 무언가를 만들 때 '주어진 재료를 가지고 어떻게 만들까?'라고 묻기 전 '과연 이 재료를 사용하는 것이 최선인가? 다른 대안은 없는가?'라고 질문하는 것만으로도 훨씬 더 나은 결과물을 만들어낼 가능성이 커진다.

나만의 특기를 갖자

인기 레스토랑에는 반드시 대표 메뉴가 있다. 고객들이 '○○을 먹으려면 바로 거기'라고 떠올리는 메뉴다. 이를 전문성이라고 부른다.

무언가를 만들려는 사람에게도 자신만의 전문성은 매우 중요하다. 특정 분야나 어려운 업무에 강점이 있다면 자연스럽게 일이 모이기 마련이다.

소니에는 오래전부터 "일은 가장 바쁜 사람에게 맡겨라"라는 말이 있었다. 사람들이 줄을 서는 식당을 찾아가야 맛있는 음식을 먹을 확률이 높은 것과 같은 이치다.

일이 몰리는 사람은 업무 효율을 고민하고 기존의 결과물을 재활용할 방법을 찾게 된다. 그러면 자연스레 생산성이 높아지고 좋은 결과를 더 빨리 낼 수 있다. 평판도 좋아지고 더 많은 일이 찾아오는 선순환이 이루어진다.

특기를 찾으려면
열중할 수 있는 분야를 찾아야 한다

자신이 정말 잘할 수 있는 전문 분야, 즉 '특기'를 찾으려면 무엇보다 스스로 깊이 몰입할 수 있는 일을 발견하는 것이 중요하다. 잠자는 시간마저 아까울 정도로 좋아하고 빠져들 수 있는 분야가 있다면 그 일이야말로 자신의 전문성을 키워나갈 가장 빠른 길이다.

어떤 일에 깊이 몰입하면 시간이 가는 줄도 모르고 관련 지식과 정보를 습득하게 된다. 그러다 보면 자연스럽게 실력과 기술이 발전한다. **다만 자신이 좋아한다고 해서 반드시 그 일을 잘하는 것은 아닐 수 있다. 반대로 스스로는 잘한다고 생각하지 않아도 주변 사람으로부터 객관적으로 실력을 인정받는 분야가 있을 수도 있다.** 특히 조직 생활에서는 자신이 원하는 부서나 업무를 마음대로 선택하기 어려울 때가 많으므로, 우선 현재 주어진 업무 안에서 자신이 몰입하고 잘할 수 있는 영역을 적극적으로 찾아보는 자세가 필요하다.

나는 약 30년 전 소니에 처음 입사했을 때 필기 인식 알고리즘 개발팀에 배치되었다. 당시로서는 첨단 기술이었던 인공지능을 활용하여 손 글씨를 인식하는 프로젝트였는데, 그 경험이 훗날 나의 전문성을 형성하는 중요한 기초가 되었다. 이때 다루었던 기본적인 원리들은 수십 년 후 딥러닝(Deep Learning)과 같은 최신 AI 기술을 이해하는 데 큰 도움이 되었다.

또한 1990년 무렵에는 회사의 지원을 받아 미국 대학에 방문 연구원으로 파견되어 1년간 컴퓨터 그래픽(CG)과 사용자 인터페이스(UI) 분야를 공부할 기회가 있었다. 당시는 영화 〈쥬라기 공원(Jurassic Park, 1993)〉이 개봉하기도 전이어서 CG 기술이란 민간에서는 거의 활용되지 않던 생소한 분야였다. 하지만 나는 그 기술에 완전히 매료되었고 정말 즐겁게 공부했다. **이때의 경험은 훗날 플레이스테이션 사업에 참여하여 나만의 독보적인 전문성을 구축하는 데 결정적인 밑거름이 되었다.**

당시만 해도 CG는 주류 기술이 아니었기에 주변에서는 내가 하는 연구를 다소 의아하게 여기는 시선도 있었다. 하지만 오히려 그래서 경쟁자가 적었고, 내가 순수하게 즐거움을 느끼며 깊이 파고들었던 전문성은 시간이 지나자 무엇과도 바꿀 수 없는 귀중한 자산이 되었다.

성공과 실패에 관해 다음과 같은 관점을 기억해 두길 바란다. 가장 좋은 것은 자신이 스스로 결정한 일에서 성공하는 길이다. 그다음으로 좋은 것은, 비록 실패하더라도 스스로 결정한 일에 도전하는 길이다. 남이 결정한 일을 하다 성공하는 것은 그다음 순위이며, 최악의 경우는 남이 결정한 일을 하다가 실패하는 것이다.

어떤 일의 성공과 실패에는 운도 상당 부분 작용한다. 그러니 결과에 너무 연연하기보다 자신이 진정으로 즐거움을 느끼며 몰입할 수 있는 일을 스스로 선택하고 결정하자. 그런 자세로 임한다면 설령 결과가 기대에 미치지 못하더라도 그 과정에서 분명 의미 있는 성장을 이룰 수 있다.

쓸데없는 상상에서 시작하는 사고방식

제품이나 서비스를 만들기 위해서는 쓸데없는 상상에서 출발해야 한다. '이런 게 있으면 좋겠다'는 막연한 생각에서 출발해 점차 세세한 부분까지 구체화하는 과정이 중요하다.

예를 들어 새로운 게임기를 만들고 싶다고 해보자. 단순히 '이런 게임기가 좋겠다'에서 끝내지 말고, 여기에 '미래'를 추가로 상상해 보는 것이 좋다. 몇 년 뒤에 어떤 콘텐츠가 등장할지, 그 시기의 기술 수준이나 통신 환경은 어떨지 고려하며 구체화해 나가는 것이다.

처음엔 막연한 상상에 불과하겠지만, 현실적인 조건을 추가

하면서 꼼꼼히 점검하다 보면 실현 가능성을 높일 수 있다. 미래의 배터리 용량이나 반도체 성능, 통신 인프라가 얼마나 향상될지는 정확히 알 수 없어도 지금까지의 과정과 현재 기술 수준을 통해 어느 정도는 예측할 수 있다. 그러기 위해서는 상상에서 그치지 말고 항상 관련 있는 분야의 정보를 수집해 두어야 한다.

이때 단순히 콘텐츠, 게임 소프트웨어의 내용뿐만 아니라 비즈니스 모델과 제공 방식에 관해서 상상하는 과정도 중요하다. **제품의 판매 경로까지 생각해야 한다는 뜻이다.** 제공 방식이란 DVD나 블루레이 디스크와 같은 패키지 미디어, 온라인 다운로드, 스트리밍(Streaming) 등의 방식 중 어떤 형태로 콘텐츠를 제공할 것인지를 가리킨다. 과금 방식도 중요한 고려 사항이다. 무료로 어느 정도 플레이하다가 필요에 따라 유료 아이템을 구매하는 F2P(Free-to-Play) 방식인지, 월간 정액 요금을 내면 무제한으로 플레이할 수 있는 월정액 방식인지, 아니면 완전히 새로운 형태인지 등 콘텐츠를 둘러싼 다양한 요소에 대한 고민도 빼놓을 수 없다.

모든 가능성을 상상하고, 추상화하면 미래에 개발할 콘텐츠가 떠오른다. 그러면 이를 탑재할 수 있는 게임기에 어떤 기능이 필요한지 더욱 자세히 알 수 있다.

콘텐츠를 생각한 뒤에는 이를 실현할 하드웨어를 구체화한다. 스펙을 먼저 정하고 가능성을 찾는 게 아니라, 콘텐츠를 먼저 설정하고 필요한 기능을 결정하는 방식이다. 치밀하게 생각하다 보면 실현 가능 여부도 검증할 수 있다. 예를 들어 최첨단 반도체를 사용한다면 안정적인 생산 능력을 구비할 수 있는지, 비용 면에서 문제가 없는지 등을 검증하는 일이 가능하다.

이러한 사고방식은 막연한 상상에서 시작해 현실 가능성까지 철저하게 검증하는 과정을 가리킨다. 상상 없이는 새롭고 큰 아이디어를 얻기 어렵다. **3년 후, 5년 후의 미래를 자세히 상상하며 일단 자유롭게 생각해 보자.**

규칙을 지키는 대신, 직접 만든다

비즈니스 세계에서 꼭 기억해야 할 중요한 원칙이 있다. 바로 '규칙을 지키는 대신 스스로 만든다'라는 생각이다. **만드는 사람이 궁극적으로 꿈꾸는 지향점은 기존의 판을 바꾸고 '규칙 자체를 새로 만드는 사람', 즉 '게임 체인저(game changer)'이다.**

최근 들어 기존의 성공 방식이나 업계의 규칙이 더 이상 통하지 않는 사례가 눈에 띄게 많아졌다. 이를 역설적으로 생각하면 누구에게나 자신만의 새로운 규칙을 만들 기회가 더 많이 열렸다는 뜻이기도 하다.

의료 분야를 예로 들어보자. 불과 몇 년 전까지만 해도 인공지능이 의료 영상을 판독하여 진단한다고 하면 불안감을 느끼는 사람들이 많았다. 하지만 이제 특정 암 진단 등 일부 영역에서는 AI의 진단 정확도가 숙련된 의사보다 오히려 높다는 연구 결과가 널리 알려졌다. 의사의 경험치보다 AI의 데이터 기반 분석 능력이 더욱 정확한 판단을 내리는 시대가 찾아온 것이다. 이처럼 의료 분야에서조차 진단과 치료에 대한 기존의 규칙이 달라지고 있다. 규칙이 바뀌면 당연히 필요한 의료 장비도 바뀌고, 의사의 역할과 위상 역시 변화할 수밖에 없다.

새로운 규칙을 만든다고 하면 흔히 구글이나 아마존 같은 글로벌 플랫폼 기업을 떠올리기 쉽다. 하지만 반드시 거대한 플랫폼 구축만을 목표로 삼을 필요는 없다. 현실적으로 성공하기도 매우 어렵다. 오히려 자신이 속한 분야 혹은 감당할 수 있는 규모 안에서 기존의 비효율적인 규칙을 찾아내 개선하거나, 자신만의 새로운 규칙을 만들어 적용하기만 해도 충분히 의미 있는 성과를 낼 수 있다. **현재 자기가 일하는 사업 분야에 어떤 문제나 과제가 있는지 자세히 살펴보면 분명 새롭게**

정의하거나 개선할 수 있는 '규칙'이 보일 것이다.

예를 들어 소니의 플레이스테이션은 게임 산업의 규칙을 근본적으로 바꾸었다. 그 이전까지 게임 소프트웨어는 대부분 롬(ROM) 카트리지 형태[2]로 유통되었지만 플레이스테이션은 이를 CD-ROM으로 대체했다. 물론 플레이스테이션 이전에도 CD-ROM을 매체로 사용한 게임기가 존재했지만, CD-ROM이라는 새로운 표준을 게임 시장에 확고하게 정착시킨 기기는 플레이스테이션이라고 해도 과언이 아니다.

이 변화에는 단순히 저장 매체를 바꾼 것 이상의 획기적인 의미가 있다. 인기 있는 게임은 바로 추가 생산한 뒤 매장에서 판매할 수 있게 되었기 때문이다. 결과적으로 게임 업계의 비즈니스 모델은 크게 달라졌다.

롬 카트리지 방식으로는 인기 게임의 추가 물량을 주문해도 반도체 생산 및 공급 문제 때문에 제품이 실제 매장에 도착하기까지 길게는 3개월이나 걸리기도 했다. 어렵게 추가 생산을 했지만 그사이 인기가 식어버려 막대한 악성 재고가 쌓였다.

그나마 제조사는 선주문을 통해 대금을 미리 회수하는 일이

---

[2] 게임기에 전용 게임 카트리지를 꽂아서 플레이하는 방식.

많아서 상대적으로 피해가 덜했지만, 유통을 담당하던 도매업체는 심한 경우 자금난으로 부도를 내기도 했다. 게임 산업 전체적으로 보면 엄청난 비효율이 존재했다.

반면 CD-ROM은 공장에서 프레스기로 찍어내면 되므로, 추가 주문 후 약 1주일 정도면 매장에 새로운 물량을 공급할 수 있을 만큼 리드타임(Lead Time)[3]이 획기적으로 짧아졌다. 덕분에 수요를 예측하기 어려운 게임 소프트웨어의 특성에 맞춰 초기 생산량을 조절하고, 시장 반응을 보며 조금씩 추가로 생산하는 유연한 대응이 가능해졌다. 이를테면 초기에 30만 장을 생산하여 판매 추이를 지켜본 뒤 반응이 좋으면 10만 장을 추가 생산하고, 또 잘 팔리면 다시 10만 장을 생산하는 식의 탄력적인 운영을 할 수 있게 된 것이다. 이처럼 플레이스테이션은 게임 소프트웨어의 생산 및 유통 방식, 즉 게임 비즈니스의 '규칙' 자체를 시장 수요에 더욱 효율적으로 대응할 수 있도록 바꾸었다.

---

3   제품을 생산해 고객에게 전달하기까지 걸리는 소요 시간.

다른 사람이 만든 생태계에서
살아가기는 쉽지 않다

물론 규칙을 만드는 일은 결코 쉽지 않다. 그렇다고 하더라도 **규칙을 만드는 쪽에 서고자 하는 노력**은 필요하다. 그렇지 않으면 결국 외부 환경에 휘둘리며 취약한 상태에 놓인다.

얼마 전 인터넷에서 '구글 검열'이라는 말이 화제가 되었다. 특정 웹사이트가 구글의 데이터베이스(DB)에서 제외되는 현상을 말하는데, 이렇게 되면 아무리 검색해도 콘텐츠가 표시되지 않는다. 일반적으로 범죄나 스팸을 유발할 가능성이 있는 사이트가 대상이라고 알려졌지만 정확한 기준은 뚜렷하게 공개되지 않았다.

만약 개인적으로 운영하는 비즈니스의 홈페이지가 검색 결과에서 제외된다면 생사의 갈림길에 서게 될 수도 있다. 오늘날 검색에서 사라지는 것은 세상에 존재하지 않는 것과 마찬가지다.

'앞으로는 SNS 시대니까 구글에 의존하지 않아도 된다'라고 생각해도 비슷한 위험에 처할 수 있다. 유튜브나 X(구 트위터)에서도 콘텐츠 문제로 유명 인플루언서의 계정이 갑자기 정지되는 일이 종종 발생한다. 유튜브로 고객을 모으거나 유튜브 자체를 주요 수익원으로 삼았다면 이런 상황은 큰 타격이 된다.

물론 계정 정지가 풀리면 다시 시작할 수 있지만, 다른 사람이 만든 규칙에 묶인 탓에 항상 예측할 수 없는 불확실성을 맞닥뜨리는 상황은 매우 위험하다.

지금은 좋은 아이디어만 있다면 개인도 손쉽게 제품이나 서비스를 만들어 기존 플랫폼을 활용해 비즈니스를 시작할 수 있다. 그러나 대형 플랫폼에 전적으로 의존하면 당장은 편할지 몰라도 결국 플랫폼 사업자의 의도에 크게 좌우될 수밖에 없다. 만약 아마존에서만 제품을 판매한다면 다른 온라인 사이트나 자체 판매 사이트를 운영하는 등 다양한 방법으로 리스크를 분산해야 한다.

이처럼 자신의 생살여탈권을 다른 회사에 넘기지 않도록 조금씩 환경을 구축하는 것이 중요하다.

운영자가 아닌 경영자의 시선을 지닌다

당신이 20대든 30대든, 문과든 이과든, 회사원이든 프리랜서든 무언가를 만들고자 한다면 언제나 '경영자의 관점'을 잊지 말아야 한다. 여기서 경영자의 관점이란 조직의 장기적인 목표를 명확히 하고, 수익은 극대화하며, 비용은 최소화하는 사고방식이다.

이를 위해서는 항상 '이 상품이 누구에게, 어떤 가치를 제공할 것인가?'라고 고객의 관점에서 끊임없이 질문해야 한다. **경영자는 누가 이 상품을 사줄 것인지, 어떤 이유로 돈을 지급할 것인지 늘 염두에 두어야 한다.**

특히 이미 진행 중인 사업을 중단하기는 쉽지 않다. 그러나 제품이나 서비스가 더 이상 시대의 흐름에 맞지 않거나 본래의 가치를 제공하지 못한다면 과감히 중단하는 것도 고려해야 한다. 만약 결정권이 없다면 상사에게 적극적으로 건의하자.

오늘날 마차를 교통수단으로 판매하거나 가정에서 냉장고에 넣어둘 얼음을 파는 회사는 없다. 현대인의 시각에선 그런 사업은 터무니없어 보인다. **하지만 패러다임이 변화하는 시기에는 과거에 수익을 냈던 사업을 쉽게 그만두기 어렵다.** '그래도 아직 어느 정도 매출이 있으니까', '적자가 나지 않으니까' 같은 이유로 계속 끌고 가다 보면 결국 이도 저도 아닌 상태가 되어 관련된 모든 사람들을 불행하게 만든다.

경영자의 관점을 가지면 현재의 제품이나 서비스가 시대의 요구와 얼마나 맞지 않는지 쉽게 파악할 수 있다. **경영자의 관점이란 '세상이 필요로 하는 것과 우리의 상품 사이에 어느 정도의 괴리가 있는지'를 명확하게 인지하는 것이다.

'지금 우리 회사의 상품은 더 이상 사람들이 원하지 않는다. 그렇다면 세상이 진정으로 원하는 가치는 무엇일까?'라는 질문을 던지자. 물론 처음부터 이런 관점을 갖기는 어렵지만 경영자의 시각을 익히면 자연스럽게 이러한 질문과 생각이 가능해진다.

세상이 어떤 것을 필요로 할지에 관해서 일단 상상부터 시작해 보자. 지금 당신이 일하는 분야에는 존재하지 않는 완전히 새로운 제품을 상상해도 좋고, 기존 제품이나 서비스의 연장선상에서 생각을 확장해 보는 것도 좋다.

시야를 넓혀 정보를 탐색하자

가치 있는 제품이나 서비스를 고민하는 연습을 하려면 다른 기업의 제품과 서비스를 참고하자. 설령 내가 일하는 업계와 직접적인 관련이 없더라도, 평소에 '이건 무엇을 위한 제품인가?'를 적극적으로 고민하는 습관을 기르면 좋다.

예를 들어 어떤 회사에서 전기자동차(EV)를 출시했다고 가정해 보자. 제품에는 분명한 목적이 있다. '친환경'이라는 복석

일 수도 있고, '경쟁사가 투자하는 분야'라는 전략적 판단일 수도 있다. 또는 단지 '앞으로 유행할 것으로 예상되기 때문'이라는 이유일 수도 있다.

반면 전기차에 크게 비중을 두지 않는 회사도 있다. 이런 회사는 '전기차가 해결하려는 환경 문제는 다른 방식으로도 충분히 해결할 수 있다'는 시각으로 또 다른 답을 찾기도 한다.

이때 운영자의 관점에서 단순하게 바라보면 '남들이 다 하니까 우리도 해야 한다'는 생각에 빠지기 쉽지만, 경영자라면 다르게 볼 수 있다. '진짜 풀어야 할 문제가 환경 문제라면 꼭 전기차만이 정답인가?'라는 질문을 던져 문제 자체를 다시 조명할 수 있다. 그러면 토요타자동차처럼 전기차뿐만 아니라 수소차 개발에도 힘을 쏟는 선택을 내릴 수 있다.

자신의 전문 분야만 고집하지 말고 시야를 넓혀 다양한 정보를 탐색해 보길 권한다. 온라인에는 성공한 제품을 만든 사람들의 인터뷰가 많다. 어떤 이유로 제품의 필요성을 느꼈는지, 무엇을 관찰하며 제품을 개발했는지 등 세부적인 이야기가 가득하다.

때로는 일상에서 우연히 떠오른 아이디어가 실제 제품 개발로 이어졌다는 사실을 발견하기도 한다. 이런 사례 등을 자주 접하다 보면 주변을 바라보는 시각도 달라진다.

항상 '이 제품은 무엇을 위해 탄생했을까?'라고 생각하는 습관을 지니면 비즈니스 아이디어는 무궁무진하게 떠오른다. 주변에서 일어나는 일들이 남의 일이 아니라 나의 일이 될 수 있고, 새로운 제품이나 서비스에 대한 영감도 자연스럽게 얻을 수 있다.

다양한 경우의 수를 대비하자

새로운 무언가를 만들어내는 사람이 되려면 반드시 '지혜'가 필요하다. 지혜야말로 혁신을 가능하게 만드는 핵심이다.

사전에서는 '지혜'가 '사물의 이치를 깨닫고 상황에 맞게 적절히 처리하는 능력' 또는 '본질과 진리를 꿰뚫어 보는 인식 능력' 등으로 정의된다. **나는 특히 '진리를 파악하는 인식력'이라는 정의에 깊이 공감한다.**

비즈니스 세계에서는 오랫동안 데이터의 중요성을 강조해왔다. 물론 데이터는 중요하지만, 그것을 활용하는 일은 조금 더 신중해져야 한다고 생각한다.

수집된 데이터를 단순히 크기순으로 정렬하거나 유사한 것 끼리 묶어 일정한 법칙이나 경향성을 찾아내 분석하는 과정을 거치면, 그 데이터는 의사결정에 활용할 수 있는 '지식'이 된다. 지식은 이처럼 규칙이나 법칙을 기반으로 구조화되어 있기 때문에 매뉴얼 등을 통해 다른 사람에게 비교적 쉽게 전달하고 공유할 수 있다.

그런데 이러한 지식이 개인의 경험과 창의적인 사고 과정을 통해 재해석되고 재구성될 때, 즉 낡은 지식의 일부는 버려지고 새로운 통찰이 더해질 때 비로소 '지혜'로 승화된다.

다시 말해 지혜란 수많은 성공과 실패의 경험, 살면서 보고 듣고 느낀 모든 것, 타인과의 상호작용 속에서 축적된 복합적인 감정과 경험 등을 총동원하여 주어진 데이터나 상황의 본질을 꿰뚫어 보고, 이를 바탕으로 새로운 가치를 창출해 내는 능력이다. 지혜는 때로 '직관'과 유사하게 보이는데, 실제로 직관과 지혜는 모두 수많은 경험을 통해 길러진다는 공통점이 있다. 두 능력은 특히 미래를 예측하기 어렵고 불확실성이 높은 분야에서 더욱 진가를 발휘한다.

와인 양조 과정을 예로 들어보자. 와인의 역사는 기원전 6000년경 오늘날 조지아(Georgia) 지역에서 시작되었다고 알려졌지만, 인류가 원래부터 포도를 발효시키면 술이 된다는 사실을 알았던 것은 아니다. 처음에는 그저 포도라는 열매를 먹을 수 있다는 수준의 단편적인 정보만 있었을 것이다. 그러다 우연히 자연 상태에서 포도가 발효되어 술이 되는 현상을 발견했고, 시행착오를 거쳐 알코올음료를 만드는 기본적인 원리와 법칙을 인류 공동의 '지식'으로 축적했다. 이렇게 와인 양조에 대한 기본적인 지식이 탄생했다.

이후 사람들은 더욱 맛있는 와인을 만들기 위해 어떤 포도 품종을 선택하고, 어떤 효모를 사용하며, 어떤 종류의 통에서 숙성해야 할지 등 수없이 많은 실험과 경험을 거듭했다. 수백, 수천 년간 축적된 이러한 지식과 기술 덕분에 오늘날 우리가 즐기는 명성 높은 와인들이 만들어질 수 있었다.

하지만 아무리 뛰어난 양조 지식을 갖추었다 해도 와인의 주재료인 포도는 시시각각 변하는 날씨와 기후, 병충해 등의 요인에 따라 그 특성이 미묘하게 달라진다. 따라서 훌륭한 와인 양조자는 매년 포도의 상태 변화를 주의 깊게 관찰하고 자신의 오랜 경험에 기반한 '지혜'를 발휘하여 그해의 조건에 맞는 최적의 양조 방식을 결정해야 한다. 이러한 능력은 지식만으로는 얻을 수 없다.

지식은 이미 체계적으로 구조화되어 있기 때문에 배우고 따라 하기가 비교적 쉽다. 특히 현대 사회에서는 디지털 기술 덕분에 지식이 매우 빠른 속도로 복제되고 전파된다. **반면, 지혜는 개인의 직접적인 경험과 성찰을 통해 사물의 본질과 진실**

을 깊이 이해하는 내면적인 능력에 가깝기 때문에 다른 사람이 쉽게 모방하거나 따라 할 수 없다. 이는 디지털 경제 시대에 인공지능조차 쉽게 흉내 낼 수 없는 인간 고유의 경쟁력이기도 하다.

앞으로 단순한 지식의 상대적 가치는 점차 낮아질 가능성이 크다. 따라서 우리는 와인 양조자처럼 다양하고 예측 불가능한 상황 속에서도 유연하게 대처하고 최적의 길을 찾아낼 수 있는 능력, 즉 '회복탄력성'을 적극적으로 키워나가야 한다. 이것이야말로 다가올 미래 시대를 맞이하는 우리에게 필요한 핵심 역량이다.

자신의 생존권을
확보할 전문 분야를 명확히 하자

자신만의 전문 분야를 갖는 것이 중요하다는 점은 앞서 강조한 바 있다. 특정 분야에서 '이 일만큼은 당신이 최고'라는 평판을 얻으면 회사 내에서 더욱 많은 재량권을 행사할 수 있고 이직할 때도 유리한 위치에서 주도권을 잡을 수 있다. 전문성은 치열한 경쟁 환경 속에서 자신의 가치를 지키고 살아남을 수 있는 생존권과도 같다.

하지만 여기서 반드시 명심해야 할 점이 있다. 기술은 시간이 흐르면서 매우 빠르게 진부해진다는 사실이다. 입사 당시에는 최첨단 기술이었을지라도 정년퇴직할 때까지 여전히 시대를 이끄는 기술로 남아있는 경우는 거의 없다.

가전제품 산업만 보더라도 불과 얼마 전까지 제품 경쟁력의 핵심이었던 특정 트랜지스터나 부품 기술은 클라우드 컴퓨팅이 보편화되면서 영향력이 줄어들었다. 이와 같은 하드웨어에 기반을 둔 기존 엔지니어들의 역할 자체도 크게 축소되었다. 또한 과거에는 사람이 직접 하던 제품 검사 업무 상당수가 소프트웨어 자동화로 대체되거나, 사이버 보안처럼 이전에는 없었으며 완전히 새로운 전문성이 요구되는 업무로 변화하기도 한다.

만약 시대가 변화하면서 자신이 몸담은 전문 분야의 중요성이 점점 줄어든다면, 그 분야에만 의존하는 개인의 입지나 '존재 의미' 역시 축소될 수밖에 없다.

그렇기에 기술 발전의 흐름과 산업 트렌드 변화에 항상 민감하게 주의를 기울이고, 현재의 전문성에 안주하지 않으며 새로운 분야를 꾸준히 학습하고 개척하려는 자세가 꼭 필요하다. **최근 '평생 교육'이라는 말이 중요한 화두로 떠오르는 이유**

도 바로 여기에 있다. 끊임없이 변화하는 세상에서 창조적인 전문가로 인정받으려면 지속적으로 새로운 것을 배우고 익히는 태도를 견지해야 한다.

물론 나이가 들수록 새로운 분야를 배우거나 신기술을 익히는 일이 귀찮고 어렵게 느껴질 수 있다. 하지만 이미 하나의 분야에서 깊이 있는 전문성을 제대로 쌓았다면, 그것을 기반 삼아 인접한 주변 영역으로 지식과 기술을 확장하는 길은 생각보다 그리 어렵지 않다.

예를 들어 프로그래밍 언어 중 C 언어를 깊이 있게 이해하고 능숙하게 다룰 수 있는 사람이라면, 자바(JAVA)나 파이썬(Python) 같은 다른 언어를 추가로 배우기는 상대적으로 수월하다. 세상에 계속해서 프로그래밍 언어가 등장하는 이유는 기술과 사회가 변화하면서 기존 언어만으로는 효율적으로 처리하기 어려운 문제들이 새롭게 나타나기 때문이다. 결국 '왜 이 새로운 언어가 필요한가?'라는 등장 배경과 목적을 이해한다면 해당 기술의 핵심 원리를 파악하고 습득하기가 훨씬 쉽다. 기술의 목적을 이해하는 것은 자연스럽게 시대 변화에 맞는 새로운 기술을 익히는 과정으로 이어질 수 있다.

지금 성공 가도를 달리는 비즈니스 모델이나 주목받는 기술이 미래에도 영원히 유효하리라고 보장할 수는 없다. 하지만 자신이 속한 분야의 기초가 되는 핵심 기술이나 원리를 제대로 이해하고, 거기에 더해 새로운 변화를 꾸준히 배우고 받아들이려는 마음이 있다면 다가올 미래를 지나치게 두려워할 필요는 없다. 또한 챗GPT와 같은 생성형 AI는 복잡한 프로그래밍 작업을 도와주거나 새로운 기술을 배우는 과정을 효율화하는 등 우리의 능력을 확장하는 데 도움을 주기도 한다. 이러한 새로운 기술의 힘을 적극적으로 활용하여 자신의 전문성을 꾸준히 넓혀 나가보면 어떨까?

만드는 힘은 100세 시대를 즐겁게 살기 위해 빼놓을 수 없다

일본은 세계 최고의 장수 국가로 유명하다. 이미 남녀 평균 수명은 80세를 넘었다. 1950년 일본인의 평균 수명은 남성이 58세, 여성이 61.5세였으니 불과 70년 만에 평균적으로 20년 이상 더 오래 살게 된 셈이다. 2050년쯤이면 여성의 평균 수명이 90세를 넘어설 것이란 예측도 있다.

대학을 졸업하고 60세까지 일해도 여전히 20년 이상의 시간이 더 남는다. '인생 100세 시대'를 기준으로 생각한다면,

대학을 졸업한 후 살아온 기간만큼의 기나긴 세월이 여전히 60세인 현재 앞에 놓여있는 셈이다.

이렇게 긴 인생을 살게 되었는데 과연 삶의 방식은 그만큼 달라졌을까? 평균 수명이 60세였던 과거에는 은퇴 이후의 삶을 특별히 고민할 필요가 없었다. 일을 중심으로 살다가 정년이 지나면 자연스럽게 취미 생활이나 사회 공헌 활동으로 전환하는 길이 현실적인 선택이었다.

하지만 이제 시대가 달라졌다. 정년을 맞이한 이후에도 길고 긴 노후가 기다리고 있다. 그런데도 여전히 많은 이들은 정년이 되면 곧 은퇴라고 생각한다. 앞으로 인생 100세 시대에 본격적으로 접어들면 여러 회사를 옮겨 다니거나 다양한 사업을 시작하며 나이와 상관없이 계속 일하는 삶이 보편화될 것이다. 지금 우리는 그러한 변화의 과도기에 서있다.

물론 죽을 때까지 일을 해야 한다는 뜻은 아니다. 하지만 계속해서 조직에서 일할지, 조직을 떠나 독립적으로 일할지, 아니면 일을 완전히 그만두고 취미나 다른 활동에 몰두할지, 길어진 노후를 어떻게 보낼지 진지하게 고민해 볼 필요가 있다.

이는 젊은 세대도 마찬가지다. '오래 살면 돈이 많이 든다', '연금도 거의 받지 못할 테니 불안하다'는 걱정만 하지 말고, 오히려 오래 살게 되어 다행이라고 느낄 수 있도록 지금부터 적극적으로 준비해야 한다. 노후의 삶에 대해 분명한 문제의식을 지니고 이를 해결하려는 자세를 가져야 한다.

회사나 조직에 속해있으면 누군가가 항상 매일 해야 할 과제를 제공하기 때문에 별다른 고민 없이 지낼지도 모른다. 하지만 본인의 인생에는 그 누구도 매일 해야 할 과제를 주지 않는다. 결국 인생의 과제는 스스로 만들어야 한다. '만드는 힘'이야말로 긴 인생을 행복하고 의미 있게 살아가는 데 필수적이다.

SNS로 연결된 사람들이 추천하는 정보에 주목하라

풍부한 상상력을 발휘하려면 다양한 정보와 아이디어라는 재료가 필요하다. 따라서 평소에 신경 써서 다양한 소재와 정보를 습관처럼 접하면 좋다.

특히 소셜 네트워크 서비스(SNS)를 사용하면 비교적 쉽고 빠르게 정보를 얻을 수 있다. 나는 개인적으로 페이스북(Facebook)과 링크드인(LinkedIn)을 주로 활용하는데, 이곳에서 연결된 사람 중에는 새로운 기술이나 트렌드에 민감하고 스스로 정보를 찾아내 습득하는 이른바 '얼리어답터'가 많다. **나는 이들이 추천하는 책이나 공유하는 온라인 기사를 가능한 한 놓치지 않고 읽어보려 노력한다.**

특히 내가 몸담은 기술 및 디지털 관련 분야에서는 이들이 주목하고 공유하는 정보가 약 1년 정도의 시차를 두고 업계의 주요 화두로 떠오르는 경우가 많다. 세상의 흐름을 남보다 한발 앞서 감지하고 내다보는 사람들이 분명히 존재하기 때문이다. 그런 사람들을 직접 만나기는 어렵더라도 SNS를 통해 팔로우하고 있으면 다가올 트렌드를 조금 더 빨리 감지하는 데 도움이 된다.

영화도 미래를 상상하는 좋은 재료가 되기에 적극적으로 추천하고 싶다. 영화는 때때로 다음 시대의 사회상을 예측하는 데 중요한 힌트를 제공하기도 한다. 특히 SF 영화는 제작자의 구체적인 의도와 별개로 미래 사회의 모습을 놀랍도록 정확하게 예측하는 경우가 많다. 실제로 개봉한 지 20~30년이 지난 영화들을 지금 다시 보면 당시에는 상상으로만 존재했던 기술이나 사회의 모습이 오늘날 현실이 된 사례를 어렵지 않게 찾아볼 수 있다.

대표적인 예가 반세기 전에 개봉한 스탠리 큐브릭(Stanley Kubrick) 감독의 영화 《2001 스페이스 오디세이(2001: A Space

Odyssey)》다. 이 영화에는 인공지능 컴퓨터가 사람과 자연스럽게 대화하고 카메라가 사물이나 사람의 얼굴을 인식하는 장면 등이 등장한다. 개봉 당시에는 이러한 기술이 머나먼 미래를 그린 공상 과학처럼 보였지만, 지금은 일상적으로 익숙하게 쓰이고 있다.

이처럼 미래를 그린 영화는 새로운 아이디어를 얻는 데 굉장히 유용하다. 물론 SF 소설도 상상력을 자극하는 좋은 매체지만, 영화는 시각적인 이미지를 통해 미래의 모습을 매우 구체적이고 상세하게 보여주므로 정보의 양과 질 측면에서 더욱 효과적이다. 예를 들어 미래의 우주선을 묘사할 때 영화는 조종석의 계기판 디자인이나 작동 방식 하나하나까지 시각적으로 세밀하게 보여줄 수 있지만, 소설로 이러한 디테일을 모두 전달하기는 어렵다.

한편 오늘날 기술 분야의 최신 정보는 대부분 영어로 생산되고 공유된다. **그러므로 기술 분야에서 활동한다면 영어는 운동선수가 기초 체력을 훈련하듯 미리 갈고 닦는 것이 여러 면에서 유리하다.** 영어를 모르면 새로운 기술이나 정보를 습득하고 이해하는 데 훨씬 더 많은 시간과 노력이 든다.

많은 사람들이 외국어를 잘하려면 어떻게 해야 하는지 묻는다. 개인적인 생각이지만 언어를 배울 때 가장 중요한 것은 문법이나 어휘보다도 본인에게 '꼭 말하고 싶은 내용(콘텐츠)' 이 있는지, '반드시 말해야 하는 이유(필요성)'가 있는지, 그리고 '간절히 알고 싶은 정보'가 있는지이다. 무언가 진심으로 전달 하고 싶은 이야깃거리가 없다면 그것이 모국어든 외국어든 유창하고 자연스럽게 말하기는 어렵다.

해외에서 몇 년간 생활하다 보면 처음에는 영어를 전혀 못했던 사람도 어느 정도 의사소통이 가능해지는데, 이는 영어를 사용하지 않으면 일상생활이 어렵기 때문(필요성)이다. 그런데 만약 지금 내게 낚시나 뜨개질에 관해 이야기해 보라고 한다면 비록 모국어인 일본어를 쓰더라도 제대로 말하기 어렵다. 평소 그 주제에 관해 이야기할 필요성을 느끼지 못했고 생각해 본 적도 없기 때문이다.

결국 언어 능력은 콘텐츠를 기반으로 길러진다. 스스로 누군가에게 전달하고 싶은 명확한 콘텐츠가 먼저 있어야 하며 언어는 이를 표현하는 도구에 불과하다. 물론 외국어로 소통하려면 당연히 기본적인 단어와 문법 공부는 필요하다. 하지만 그보다 더 중요한 것은 무언가를 간절히 전하고 싶다는 진심과 의지다. 이러한 마음이 있다면 외국어 실력은 생각보다 훨씬 빠르게 향상된다. 결국 가장 중요한 점은 '무엇을 이야기하고 싶은가?'를 먼저 명확히 인지하는 것이다.

내가 만드는 것이 새로운 사회를 만든다

내게는 20대인 자녀가 두 명 있는데, 몇 년 전 새해를 맞으며 깜짝 놀랐다. 아이들이 더 이상 종이 연하장을 전혀 주고받지 않는다는 사실을 알게 되었기 때문이다. 젊은 세대는 이제 연하장 대신 SNS 메시지로 간편하게 새해 인사를 나누고 있었다.

시대의 흐름이라고 가볍게 넘길 수도 있지만, 이렇게 사소해 보이는 변화가 실은 우체국이라는 사회 시스템의 역할까지 근본적으로 바꾸고 있다고 생각한다. 연하장을 사서 우편으로 보내는 문화가 사라지면서 우편 서비스는 점점 불필요해지고, 이는 우체국의 수입 감소로 직결된다.

이처럼 특정 문화나 관습이 더 이상 과거처럼 사회에 필요하지 않게 되면 그 문화와 관습을 지탱하던 시스템의 구조도 변화를 맞이한다. 이는 비단 연하장만의 문제가 아니다.

돈을 예시로 들어보자. 주변을 둘러보면 과거에 비해 현금을 직접 주고받는 모습이 눈에 띄게 줄었다는 사실을 실감할 수 있다. 신용카드나 각종 전자화폐의 사용은 이미 보편화되었고, 식당에서 계산할 때나 공과금을 납부할 때도 스마트폰 앱 모바일 결제를 사용하면 현금 없이 간편하게 결제할 수 있다.

최근에는 기존 화폐와 작동 원리나 개념 자체가 완전히 다른 가상화폐까지 등장했다. 가상화폐는 특정 국가 및 중앙은행의 통제 없이 인터넷을 통해 개인 간에 빠르고 저렴하게 자금을 주고받거나 상품 혹은 서비스 대금을 결제하기 위해 설계된 새로운 형태의 디지털 자산이다.

우리가 사용하는 돈의 본질적인 가치는 화폐 자체의 물질적 가치가 아니라, 화폐에 부여된 사회적 신용에서 비롯된다. 일반적으로 통용되는 법정 화폐의 신용은 해당 국가의 정부가 보증한다. 미국 달러는 미국 정부가, 일본 엔화는 일본 정부가 그 가치와 신용을 뒷받침하는 구조다.

반면 비트코인(Bitcoin)과 같은 가상화폐는 국가나 중앙은행 같은 중앙의 관리 기관을 거치지 않고, 네트워크 참여자들이 '블록체인(Blockchain)'이라는 기술을 통해 거래 기록을 공동으로 관리하고 검증함으로써 시스템의 신뢰성을 확보한다. 블록체인은 인터넷상에 분산된 수많은 컴퓨터가 모든 거래 정보를 함께 기록하고 서로 검증하며 **데이터가 특정 주체에 의해 임의로 변경되거나 위조되는 것을 원천적으로 방지하는 기술**이다.

가상화폐가 미래에 기존 화폐를 대체할 정도로 널리 보급될지는 미지수다. 하지만 만약 그렇게 된다면 지금까지 화폐 발행과 통화 정책을 주관한 국가나 금융 시스템을 중개해 온 은행의 역할도 근본적으로 달라질 수밖에 없다.

블록체인 기술은 화폐나 금융 시스템뿐 아니라 사회 시스템 전반을 변화시킬 잠재력을 가지고 있다. 예를 들어 블록체인에 기반한 스마트 계약을 활용하면 기업 간의 계약 체결이나 대금 결제 방식 등이 완전히 자동화되고 투명해질 수 있다. 종이 문서 대신 위변조가 불가능한 블록체인상의 데이터로 모든 거래 정보가 신뢰성 있게 관리되기 때문이다.

과거에는 계약서에 찍힌 도장의 진위나 제삼자의 공증 등이 거래의 신용을 담보했지만, 미래에는 이러한 물리적인 확인 절차조차 필요 없어질지도 모른다. 오히려 계약 과정에 사람이 개입하는 것이 데이터 조작의 위험을 높이는 요인이 될 수도 있다. 결국 기업 내부에서는 경영진이나 관리자가 수행해 온 최종 결재나 승인 같은 의사결정 과정까지 자동 시스템으로 대체될 가능성마저 제기된다.

이런 이야기를 들으면 '앞으로는 사람이 할 일이 없어지지 않을까?' 하는 불안감이 드는 것도 당연하다. 실제로 블록체인 기술이 궁극적으로 지향하는 시스템 중 하나로 'DAO(Decentralized Autonomous Organization, 분산형 자율 조직)'가 거론되기도 한다. DAO는 특정 관리자나 직원의 개입 없이 사전에 정의된 규칙(코드)에 따라 완전히 자율 운영되는 조직 형태를 의미한다. 이를 통해 극단적으로는 자본을 제공하는 참여자를 제외하면 인간의 역할이 최소화될 수도 있다는 전망까지 나온다.

다소 허황한 공상처럼 들리겠지만 이미 해외에서는 이러한 모델을 실제로 구현하기 위한 다양한 실험이 진행 중이다. 물론 이런 세상이 정말 도래할지, 또 그것이 과연 바람직한 모습일지에 대해서는 아직 단언하기 어렵다. 하지만 과거에는 상상하기 어려웠던, 기존과 전혀 다른 형태의 사회 시스템을 오늘날 기술을 통해 실제로 만들어낼 가능성이 열렸다는 사실이 중요하다.

바로 지금 당신이 만들고 있는 소소한 제품이나 서비스 하나하나가 새로운 미래를 구성하는 중요한 요소가 될 수 있다. 이러한 상상력이야말로 미래의 비즈니스 기회를 포착하는 출발점이기도 하다.

AI에게 배우기보다는 AI를 가르치는 사람이 되자

'싱귤래리티(Singularity, 특이점)'라는 단어가 화제가 된 지도 꽤 오랜 시간이 지났다. 싱귤래리티란 인공지능이 인간의 지능을 뛰어넘는 기술적 특이점을 의미한다. 이 시점을 지나면 인간이 개입하지 않아도 AI가 스스로 더 뛰어난 인공지능을 만들어낸다고 한다.

많은 학자들이 인간이 감당할 수 없는 미래가 찾아올 것이라고 경고한다. 싱귤래리티는 보통 2045년쯤 도래할 것으로 예측되지만, 2022년 무렵부터 급속하게 발전한 생성형 AI로 인해 사실상 특이점은 이미 시작되었다는 견해도 있다.

물론 인공지능이 인간을 뛰어넘는 세상이 정말로 올지 확신하기엔 이르다. 최근 몇 년 동안 AI의 능력과 정확성이 눈부시게 발전하면서 '인간의 시대가 끝났다'라거나 '일자리가 사라질 것이다'라는 비관적인 목소리도 종종 들리지만, 그렇다고 당장 우리가 하는 일이 갑자기 없어지지는 않을 것이다.

하지만 앞으로 5년, 10년 후를 내다본다면 AI를 '가르치는 사람'과 AI로부터 '배우는 사람'으로 인류를 명확히 구분하는 사회가 찾아올 것은 분명하다.

AI를 가르치는 사람이란 AI의 선생님 역할을 말한다. AI는 기본적으로 데이터를 입력하고 그것을 학습시키지 않으면 스스로 발전할 수 없다. 오늘날 AI는 방대한 데이터를 바탕으로 조금씩 올바른 답을 찾아가는 단계에 머물고 있다.

가르치는 사람은 AI를 더욱 효율적이고 효과적으로 성장시키는 일을 맡게 된다. 야구 코치가 단순히 공의 종류뿐만 아니라 언제, 어떤 타이밍에 어떤 변화구를 던질지까지 상세히 지도하듯 모든 영역에서 AI의 능력을 키워주는 역할이 필요하다. 결국 AI를 가르칠 수준의 전문성을 갖추지 못한 사람은 도태될지도 모른다.

이러한 현상은 AI가 아니더라도 이미 여러 분야에서 나타나고 있다. 예를 들어 입시 강의 시장에서는 뛰어난 강사의 수업을 인터넷으로 제공하여 전 세계 어디서든 수강할 수 있도록 하고 있다. **이렇게 되면 한 과목을 가르치는 데 굳이 많은 교사가 필요하지 않다.**

사람들에게는 다소 냉혹한 현실일 수 있지만, 사회 전체로 보면 꼭 부정적인 면만 있는 것은 아니다. 교사 입장에서는 일자리를 잃게 될지 몰라도 교육의 질이 균등해지고 격차가 크게 줄어들 수 있다. 의료 분야를 예로 들자면 '신의 손'이라 불릴 정도로 기술이 뛰어난 의사의 수술 노하우를 AI 로봇에게 가르쳐서 더 많은 환자의 생명을 구할 수 있다.

하지만 이런 흐름에서 동떨어진 분야도 있다. 바로 '예술'이다. 가령 AI가 지금까지 작곡된 모든 음악을 익힌다면 모차르트와 유사한 스타일의 곡을 만들 수도 있다. 하지만 모차르트 이전 시대의 음악을 아무리 학습한다 해도 새로운 '모차르트'를 만들어낼 수는 없다. 예술은 과학처럼 명확한 논리로 설명하기 어려운 영역이기 때문이다. 적어도 오늘날엔 AI가 인간의 창의력까지 따라잡지는 못했다.

이처럼 인공지능이 급속도로 발전하는 세상에서 앞으로 살아남으려면 자신이 속한 분야에서 최고의 전문가가 되거나 창의적인 삶을 사는 것 중 하나를 선택해야 한다. 둘 중 하나를 선택하지 않으면 AI를 가르치는 사람이 되기가 현실적으로 쉽지 않다. 물론 어느 쪽이라도 진입 장벽이 매우 높아 보이지만, 반드시 중요한 분야일 필요는 없다. 다른 사람들이 잘 모르거나 소홀히 여기는 틈새라도 좋다. 자신만의 강점을 갖춘 전문가가 되는 것이야말로 AI 시대를 현명하게 살아가는 방법이다.

매일 거액의 돈이 타들어 간다고 상상하자

무언가를 새로 만들 때는 반드시 비용, 즉 돈이 든다. 보통은 계획 단계에서 필요한 예산을 책정하고 예산에 맞춰 인력을 배분하며 목표 달성을 위해 나아간다.

프로젝트마다 예산 규모는 천차만별이다. 플레이스테이션 같은 첨단 기술 제품이나 대규모 시스템 개발 프로젝트의 경우 연간 개발 예산만 수천억 원대에 이르기도 한다. 이를 단순히 계산하면 하루에 1억 엔(약 10억 원) 이상의 돈이 말 그대로 '타들어 가는' 셈이다. 1억 엔은 1만 엔짜리 지폐로 쌓으면 약 1미터의 높이에 달한다. **매일 그 정도 돈이 소모된다고 상상하면 프로젝트 과정에서 의사결정을 할 때마다 신중히 처리하지 않을 수 없다.**

간혹 너무 계산을 따지면 좋은 제품을 만들기 어렵다고 생각하는 사람도 있지만 현실적으로 비용을 고려하지 않으면 아무것도 만들 수 없다. 특히 대기업에 소속된 엔지니어 중에는 상대적으로 비용 감각이 부족한 사람도 있는데, 돈은 프로젝트의 성패를 가르는 가장 현실적이고 절실한 문제다. 따라서 무언가를 만드는 사람이라면 지금 얼마만큼의 비용이 투입되고 있는지 항상 민감하게 의식해야 한다.

실제로 자금 조달이 중요한 스타트업 업계에서는 인건비 등 각종 비용 지출로 보유한 현금이 빠르게 감소하는 상황을 현금 소진(Cash-burn)이라고 부른다. 또 한 달 동안 지출되는 현금 액수를 '소진율(Burn Rate)', 현재 보유한 현금으로 회사가 버틸 수 있는 기간을 비행기의 이륙 활주로에 비유하여 '런웨이(Runway)'라고 표현한다. **일반적으로 시장에서는 스타트업의 런웨이가 1년 미만인 경우를 위험 신호로 간주한다.**

특히 프로젝트 도중 예상치 못한 문제에 부딪혀 개발이 지연되거나 시스템이 계획대로 작동하지 않을 때마다 추가 비용이 계속 발생한다는 사실을 항상 염두에 두어야 한다.

만약 당신이 프로젝트를 책임지는 리더라면 여러 가지 대안과 그에 따른 계획을 머릿속에 준비해 두자. '혹시 이런 문제가 생기면, 우리는 이렇게 대처한다'는 식의 차선책이나 대비책을 미리 생각해 놓는 것이다.

프로젝트 규모가 클수록 문제가 발생했을 때 미치는 파급 효과와 손실 규모는 더욱 커진다. **예상치 못한 문제가 터졌을 때 어느 정도의 추가 비용이 발생할지, 만약 예산을 초과하게 되면 다른 부분에서 비용을 절감하여 충당할 수 있을지 등을 미리 시뮬레이션하고 판단해 두어야 한다.** 그렇지 않으면 실제로 일이 닥쳤을 때 당황한 채 급하게 대응하다가 오히려 더 큰 실수를 저지를 수 있다.

어떤 문제는 간단한 수정만으로 금방 해결할 수 있지만, 때로는 시스템의 핵심적인 부분에서 심각한 문제가 발견되어 수십억 원 이상의 추가 비용이 발생하기도 한다. 예를 들어 서버 프로그램의 일부 버그를 수정하거나 출시일을 조금 조정하는 일은 상대적으로 적은 비용으로 해결할 수 있다. 하지만 시스템의 핵심 부품인 반도체 칩 자체를 다시 설계해야 하는 상황이라면 개발 기간이 몇 주 이상 늘어나는 것은 물론이고 수십억 원에 이르는 막대한 비용이 추가된다.

프로젝트 전체의 비용 구조와 현재 상황에 관해서는 항상 머릿속에서 퍼즐을 맞추듯이 큰 그림으로 파악하고 관리하는 노력이 필요하다. 프로젝트에 관한 상세 내용을 문서로 기록하는 방법도 좋지만, 지나치게 세부적인 계획과 기록에 집착하다 보면 오히려 상황이 변할 때 유연하게 대처하는 데 방해가 되기도 한다. 특히 변화가 잦은 프로젝트 초기 단계나 불확실성이 높은 상황에선 핵심이 되는 내용을 머릿속에서 간결하게 정리하고 전체적인 흐름을 놓치지 않는 것이 더 현실적이다.

이때 '우리 프로젝트가 감당할 수 있는 비용의 한계선이 어디인가'를 명확하게 인식하는 것이 중요하다. 그러기 위해서는 **프로젝트를 통해 기대되는 예상 수익률**을 먼저 분석하고, 그 수익률을 기준으로 '추가로 투입 가능한 예산의 상한선'을 역산하여 확실한 기준선을 설정해야 한다.

대부분의 프로젝트는 처음 계획한 대로 진행되지 않는다. 수많은 변수가 발생하고, 계획 수정도 피할 수 없다. 하지만 그렇다고 해서 무한정 계획을 바꾸고 비용을 투입할 수도 없다. 실패하는 프로젝트의 공통점은 손익분기점이 점점 불분명해지면서 밑 빠진 독에 물 붓듯 비용만 계속 늘어난다는 것이다.

이 프로젝트를 '왜 해야 하는지(목표와 가치)', 그리고 '어디까지 비용을 투입할 수 있는지(한계선)'를 항상 명확히 인지하고 기억한다면 치명적인 실패는 피할 수 있다.

제2장

큰 흐름을 생각하며 공부하자

규모와 상관없이 도전을 성공시킨다

여러분은 지금 무엇을 만들고 있는가. 몇 명과 함께 일하고 있는가.

  요즘은 개인이 혼자 무언가를 만드는 경우도 많다. 반면 회사에서 반도체나 자동차 등을 제조하는 대규모 프로젝트에 참여한다면 수백 명, 때로는 수천 명이 함께 일하기도 한다. 투입되는 비용 역시 개인의 월급 수준에서 끝나는 작은 규모부터 내가 참여했던 게임기 개발처럼 연간 수천억 원에 달하기까지 다양하다. 우주 개발이나 금융 시스템, 사회 인프라 같은 사업은 이보다 더 큰 규모에 이르기도 한다. 보통 프로젝트의 규모가 작으면 완수하기 쉽고 크면 어렵다고 여기는 게 자연스럽지만 사실 꼭 그렇지만은 않다.

혼자 개발할 때의 장점은 아이디어 단계에서부터 사양 설정, 실제로 구현하는 과정까지 모든 것을 스스로 결정하고 수정할 수 있다는 점이다. **하지만 이러한 자유로움은 때로 막다른 길에 내몰릴 위험도 함께 가져온다.** 피드백 없이 수정을 무한 반복하는 상태에 빠지기도 하고, 사양이나 아이디어를 미리 검토하는 과정에서 논의할 상대가 없다 보니 미숙한 상태로 설계를 시작하거나 제품을 구현하는 일도 많다. 이러다 보니 사소한 수정과 확장 작업에 생각보다 훨씬 더 많은 시간과 노력이 들 수 있다.

반면 대규모 프로젝트는 보통 다양한 전문가들이 팀으로 협력하며 개발을 진행한다. 각 분야의 전문가가 설계하고 검증하기 때문에 개별적인 요소의 완성도는 매우 높다. **하지만 인원이 많고 규모가 클수록 한 번 개발이 시작되면 사소한 변경이나 수정조차 매우 어려워진다.** 때로는 수정 자체가 아예 불가능한 상황도 발생한다.

예컨대 반도체 시스템의 경우 상위 소프트웨어를 수정하거나 업데이트해서 문제를 해결할 수 있다면 다행이지만, 이 정도로 끝나지 않을 때가 많다. 제품의 핵심 성능이 목표로 한 수준에 다다르지 못하거나, 안전 또는 법적 요구 사항에서 치명적인 결함이 발견되면 제품 출시 자체가 연기될 수도 있다. 제품의 사양 자체를 바꿔야 할 때도 있다. 이렇게 처음으로 되돌아가면 당연히 막대한 추가 비용과 시간이 들어간다.

    이런 문제를 피하고 효과적으로 상황에 대응하려면 어떻게 해야 할까. 나는 2장에서 바로 이 점을 설명해 보고자 한다.

프로젝트가 잘 될지 여부는 구성원의 집요함에 달려있다

어째서 어떤 프로젝트는 끝까지 잘 완수되는 반면 어떤 프로젝트는 중간에 무너지거나 방향을 잃고 실패로 돌아갈까. 개발 도중 여러 차례 사양이 바뀌거나 아예 중단되는 경우가 있는가 하면, 수많은 우여곡절 끝에 결국 성공적으로 출시되는 프로젝트도 있다.

    나의 경험상 프로젝트에 참여하는 멤버들의 '집요함'이야말로 이러한 차이를 만드는 핵심이다. **어떤 문제를 반드시 해결하겠다는 의지, 도전에서 의미를 찾아 기필코 해내고 말겠다는 각오의 여부가 프로젝트의 운명을 갈라놓는다.** 이러한 집요함은 어떻게 탄생할 수 있을까? 그것은 구성원들이 '해결하고자 하는 문제를 제대로 정의했는가'에 달려있다.

도전을 멈추지 않으면 언젠가는 성공할 수 있다. 설령 지금 당장 결과를 내지 못하더라도 다음 세대에서 도전을 이어간다면 결국 성공을 일궈낸다. 의학의 진보가 바로 이러한 과정의 산물이다. 중요한 것은 도전을 멈추지 않는다는 마음이다.

그런데 프로젝트를 그만두고 싶어질 때는 대부분 처음 설정한 문제에 의문이 들기 시작하는 순간이다. '이 일이 정말로 사회에 가치가 있을까?', '과연 누가 좋아할까?' 같은 의문이 생기면 도전의 동기 역시 급격하게 사라진다. 나 또한 프로젝트를 진행할 때마다 지금 하는 일이 어떤 의미가 있는지 끊임없이 되물었다.

예를 들어 플레이스테이션의 플랫폼 개발은 단순히 제품 하나를 만드는 데 그치지 않았다. 플랫폼이 성공하면 오랫동안 전 세계의 수많은 사람에게 즐거움을 줄 수 있다는 믿음이 있었다. 그래서 많은 멤버들이 프로젝트에 도전할 가치가 있다고 느꼈다.

물론 '어떤 가치'를 추구하느냐는 사람마다 다르다. 같은 팀에 있더라도 모두가 한마음으로 일하는 건 아니다. **아무리 사회적으로 의의가 있더라도 스스로 가치를 발견하지 못한다면 계속할 수 없다.** 결국 '왜 이 일을 하는가'라는 질문에 분명한 답을 가진 사람만이 프로젝트를 성공으로 이끌 수 있다.

그만두지 않는다

계속 도전하는 것도 하나의 선택지이지만, 그만두는 것도 결코 부정적인 선택은 아니다.

많은 사람들이 멈추지 않는다면 언젠가는 성공한다는 믿음 아래 끈질기게 도전을 이어가지만 언제나 그 길이 옳다고 단정할 수는 없다. 특히 첨단 기술 개발 분야에서는 성공보다 실패할 가능성이 훨씬 높다. 어렵게 상품화에 성공하더라도 시장에서 외면받아 철수하는 사례는 무수히 많다. 게다가 개발의 지속 여부는 경제 상황이나 기업의 판단 등 외부 요인에 따라 결정되기 때문에 팀이나 개인의 노력만으로는 어찌할 수 없는 일도 부지기수다.

이런 상황에서 개발을 중단하거나 사업에서 철수하게 되면 지금까지 쌓아온 것을 전부 잃기도 한다. 그러므로 '모든 것을 완전히 버리지 않는 것'이 중요하다.

개인이든 기업이든 '잘하는 일'은 대체로 연속성 가운데에서 진화한다. 물론 완전히 새로운 영역에서 돌연변이처럼 능장하는 혁신도 있지만, 대부분은 그동안 쌓아 올린 기술과 경험의 흐름 속에서 변화가 일어난다.

예를 들어 게임을 한 번도 만들지 않았던 기업이 갑자기 플레이스테이션을 뛰어넘는 게임기를 만들겠다고 선언해도 실현 가능성은 매우 낮다. 게임을 만드는 기술과 노하우, 생태계 모두 하루아침에 생길 수 없기 때문이다.

따라서 어떤 프로젝트가 중단되더라도 완전히 일을 끊기보단 형태를 바꾸거나 규모를 줄여 계속해 나가는 과정이 중요하다. 그러다 보면 미래의 또 다른 가능성으로 이어지는 발판이 되기도 한다.

시대를 지나치게 앞서갈 때를 대비하여, 중간에 포기하지 않는다

새로운 기술이나 서비스가 세상의 빛을 보지 못하고 사라지는 데는 다양한 이유가 있다. 그중에서도 시장에 진입한 시점이 너무 빨랐던 경우, 즉 시대를 지나치게 앞섰기 때문인 경우 또한 많다.

예컨대 '하늘을 나는 자동차'는 20세기 초부터 초기 콘셉트가 등장했고, 실제로 미국에서는 시제품을 넘어 상용화된 제품까지 나왔지만 전혀 팔리지 않았다. 오늘날 미국의 테슬라(Tesla)가 시장을 주도하는 전기자동차 역시 실제로는 20세기 초반부터 수많은 기업이 연구 개발을 지속해 온 기술 분야다. (다만 초기의 시도들은 시대를 너무 앞선 탓에 성공하지 못했다.)

이처럼 시대를 지나치게 앞서 등장한 제품이나 기술은 아직 그것을 받아들일 준비가 되지 않은 시장에서 외면받는 경우가 많다. 우리는 흔히 너무 늦게 시장에 진입해서 기회를 놓친 실패 사례를 떠올리기 쉽지만, 반대로 너무 빠르게 진입해도 소비자의 선택을 받지 못해 실패할 수 있다는 것을 기억해야 한다.

과거 소니 내부에서도 시대를 앞서 출시된 제품을 두고 '5년 빠른 상품'이나 '10년 빠른 상품'이라는 표현을 쓰곤 했다. 이러한 제품이 등장하는 이유는 여러 가지가 있지만, 크게 보면 두 가지 원인으로 나눌 수 있다. 하나는 관련 기술의 완성도나 성숙도가 아직 부족해 실제로 사용하기에는 불편하거나 불안정한 경우이고, 다른 하나는 기술 자체가 완성되었어도 이를 받아들일 사회적 수요나 주변 환경(인프라 등)이 아직 갖춰지지 않은 경우다. 때로는 두 가지 문제가 동시에 발생하기도 한다.

이처럼 새로운 기술이나 서비스가 시장에서 성공하려면 '적절한 시기', 즉 타이밍이 매우 중요하다. 그리고 여기에는 상당

부분 운도 작용한다. **특히 사회 전체의 수용성과 타이밍이 조금이라도 어긋나면 성공을 거두기 어렵다.**

애플에서 출시한 태블릿인 아이패드(iPad)가 좋은 사례다. 실제로 아이패드와 유사한 태블릿 컴퓨터는 그보다 훨씬 이전부터 존재했다.

내가 소니에 입사해서 처음 참여했던 프로젝트 중 하나가 소니 최초의 펜 기반 컴퓨터인 '팜 탑(PalmTop)' 개발이었다. 팜 탑은 1990년에 이미 손 글씨 인식 기능을 탑재하고 출시한 태블릿형 컴퓨터였다. 지금 기준으로 보면 아이패드의 초기 버전이라고 할 수 있는데, 당시에도 상당한 주목을 받았다. 그로부터 약 3년 뒤에는 애플에서도 비슷한 콘셉트의 '뉴튼(Newton)'이라는 제품을 출시했다. 문자 인식 기능을 갖춘 휴대용 지능형 단말기였지만 이 역시 시장에서 큰 성공을 거두지는 못했다. 결국 이러한 태블릿 기기가 널리 대중화되는 데는 2010년 아이패드가 등장하여 시장을 열 때까지 거의 20년이란 시간이 걸렸다.

당장 쓸모없어 보여도 쌓아두어야 할 것들

앞서 언급했듯 새로운 기술이나 서비스가 시장에서 외면받는 이유는 단지 '시대를 너무 앞서갔기 때문'인 경우도 많다. 제품화 시점은 너무 빨랐을지 모르지만 개발 방향성 자체는 옳았다는 뜻이다.

그래서 나중에 경쟁사에서 비슷한 제품으로 성공을 거두면 뒤늦게 회사 경영진이 "어? 저거 예전에 우리도 비슷한 거 하지 않았어?"라고 묻는데, 정작 담당자들은 이미 회사를 떠났거나 관련 자료조차 남아있지 않아 안타까운 상황이 종종 벌어진다.

심지어 대기업에서는 특정 사업을 철수할 때 관련 기술이나 부서 전체를 다른 회사에 헐값으로 매각해 버리는 일도 드물지 않다. 개인도 마찬가지다. 과거 특정 분야에서 실패를 경험했다는 이유로 그 분야를 완전히 떠나버린 사람은 나중에 다시 기회가 찾아와도 흐름을 따라가지 못한다.

그렇기에 한번 시작한 일은 설령 당장 성과가 좋지 않더라도 어떻게든 명맥을 유지하며 작은 규모로라도 계속 이어가는 자세기 중요하다.

물론 진행 중이던 개발이 중단되거나 사업 자체가 철수되는 경험은 담당자 입장에선 매우 아쉽고 힘든 일이다. 하지만 급변하는 산업 환경에서 오랫동안 살아남으려면, 특정 전문 분야에만 안주하기보단 다양한 관련 분야에 관심을 가지고 참여하며 지식과 경험의 폭을 넓히는 것도 중요하다. 여러 프로젝트에 관여하다 보면 자연스럽게 넓은 분야의 사람들과 교류하게 되고 인적 네트워크도 확장된다.

나도 소니에서 근무할 당시 과거에 중단되었거나 보류된 프로젝트의 기술 자산 또는 담당 인력을 재활용해서 새로운 프로젝트를 성공시킨 적이 있다. 덕분에 개발 기간을 획기적으로 단축하고 매우 이른 시점에 신제품을 시장에 출시할 수 있었다.

비록 애초에 계획했던 특정 제품이 빛을 보지 못했다고 하더라도 그 과정을 통해 축적된 기술이나 경험, 노력까지 모두 실패로 끝나는 것은 아니다. 무엇보다 중요한 건 개발 과정에 참여한 개발자 개개인에게 쌓인 경험과 노하우다. 이러한 무형 자산은 한번 흩어지고 사라지면 다시 되살리기가 매우 어렵다.

그러므로 조직 차원에서 단기적인 성과에만 연연하지 않고 장기적인 관점에서 프로젝트와 인력의 연속성과 지속성을 중시하는 문화를 만들어야 한다. 과거의 노력이 미래의 어느 시점에는 반드시 빛을 발할 기회가 찾아올 것이다. 지금 당장 활용되지 않는 기술이나 중단된 프로젝트의 결과물이라도 이를 단순히 '실패한 폐기물'이 아니라 미래를 위한 '쓸모 있는 유산'으로 바라보고 관리하는 태도가 조직 문화로 뿌리내려야 한다.

시작은 쉽지만, 그만두기는 어렵다

프로젝트를 운영하는 방식에는 크게 두 가지 유형이 있다.

하나는 프로젝트를 시작할 때 매우 적극적이지만, 일단 시작하고 나면 과정이나 결과에 대한 반성은 거의 하지 않는 조직이다. 다른 하나는 시작('킥오프, Kick-off')을 매우 신중하게 결정하지만, 프로젝트가 종료된 후에는 과정을 철저히 되돌아보고 결과를 통해 배우며 회고('포스트 모뎀, Postmortem')를 중시하는 조직이다.

전자는 '일단 저지르고 보자'는 인식이 강하지만, 후자는 '과정에서 배우고 다음을 위한 자산으로 삼자'는 태도를 중시한다고 할 수 있다. **지금은 많이 달라졌겠지만 과거의 소니는 전**

자의 경향이 강하다는 이야기를 종종 들었다.

하지만 프로젝트 종료 후 제대로 반성하는 시간을 가지기란 생각보다 어렵다. 자칫 형식적인 반성에 그치거나 원래의 취지와는 다르게 서로를 비난하는 자리로 변질되기 쉽기 때문이다. 그렇다고 해서 반성 없이 계속 새로운 일만 벌이는 방식 역시 바람직하지 않다.

가장 큰 문제는 한번 시작된 사업이나 프로젝트는 특별한 외부 요인이 없는 한 중단하기가 매우 어렵다는 점이다. 실적이 눈에 띄게 악화하거나 예상치 못한 위기가 닥치지 않는 이상 '이미 시작한 일이니까…'라는 관성 때문에 쉽게 멈추지 못하고 계속 진행되곤 한다.

이는 비단 큰 회사의 사업뿐 아니라 개인적인 프로젝트나 스타트업 운영 등 모든 종류의 일에 해당하는 이야기다. 특히 여러 사람의 이해관계가 얽히게 되면 시작은 비교적 쉬웠을지 몰라도 도중에 멈추거나 깔끔하게 마무리하기는 더욱 어려워진다. 그러므로 어떤 프로젝트든 시작하기 전에 반드시 스스로, 그리고 함께하는 팀원들에게 다음과 같은 질문을 던지고 넘어가야 한다.

"이 프로젝트는 근본적으로 무엇을 위한 일인가?"

혼자 하는 일이라면 스스로, 여럿이 하는 일이라면 팀원들과 함께 이 질문에 대해 치열하게 답을 찾아야 한다. '경쟁사가 하니까 따라 해야 한다', '요즘 이런 게 유행이니까 해야 한다'와 같은 답변은 충분하지 않다. 대신 다음 질문들에 대해 자기 자신의 언어로 명확하게 답할 수 있어야 한다.

"다른 누구도 아닌, 왜 '내가'(혹은 '우리 팀이') 이 일을 해야 하는가?", "이 프로젝트는 궁극적으로 어떤 문제를 해결하고, 어떤 새로운 가치를 만들어내려는 것인가?"

만약 이 질문들에 대해 명확하게 답할 수 없다면 그 프로젝트는 아예 시작하지 않는 편이 더 나을 수도 있다. 근본적인 질문에 대한 답을 내리지 않고 프로젝트가 시작되면 중간에 방향을 잃고 흔들릴 가능성이 매우 크다.

'내가 지금 도대체 왜 이렇게 힘든 일을 계속하고 있는 걸까?'

하지만 이미 상당한 시간과 비용, 노력을 투입한 후에는 문제를 발견하더라도 중간에 그만두기가 더욱 어려워진다. 결국 **명확한 목표 의식 없이 관성적으로 프로젝트를 이끌게 되고, 기대했던 성과와는 점점 더 멀어진다.**

그러므로 프로젝트를 진행하는 동안에도 항상 자신에게 되묻는 과정이 필요하다.

"이 프로젝트는 지금 어떤 문제를 해결하고 있는가?", 그리고 더 나아가 이렇게 물어야 한다. "그 문제는 정말 우리가 해결할 만한 가치가 있는 문제인가?", "이 문제를 해결함으로써 궁극적으로 누가 행복해지는가?"

한편 프로젝트 시작 당시에는 분명히 의미와 가치가 있었지만 시간이 흐르고 시대가 변하면서 의미가 퇴색되는 일도 종종 발생한다. 관련 기술이 예상보다 빠르게 발전하거나 경쟁사 또는 심지어 내부의 다른 조직에서 더 나은 대안을 제시하는 경우도 있다. 이럴 때는 다시 질문해야 한다.

"지금 시점에서 이 프로젝트는 우리 사회 또는 고객에게 어떻게 실질적으로 이바지하는가?"

만약 이 질문에 대해 자신 있게 답하기 어렵고 고개를 갸웃거리게 된다면, 과감하게 프로젝트를 중단하는 것이 정답일 수 있다.

물론 진행 중인 프로젝트를 멈추는 것은 결코 쉬운 결정이 아니다. 오랫동안 공들인 프로젝트일수록, 그리고 참여한 사람의 애정이 깊을수록 중단하기로 결정하는 건 더욱 고통스럽다. 이미 투입한 시간과 노력 때문에 '여기서 멈출 수는 없다', '어떻게든 계속해야만 한다'는 심리적 압박감('매몰 비용의 오류')이 크게 작용하기 때문이다.

하지만 이러한 상황을 피하려면 프로젝트 시작 단계에서 '무엇을 위한 프로젝트인가?'라는 근본적인 목적과 가치를 최대한 명확하게 정의해 두는 것이 무엇보다 중요하다. 목적과 가치에 대한 명확한 정의가 있다면, 상황이 변화함에 따라 프로젝트를 계속 이어 나갈지 혹은 중단해야 할지에 대한 판단 기준 역시 자연스럽게 세울 수 있다.

소프트웨어가 세계를 집어삼킨다

2011년 미국의 경제 전문지 《월스트리트 저널(WSJ)》에 실린 한 칼럼이 큰 반향을 일으켰다. 칼럼의 제목은 「Software Is Eating the World」로, 직역하면 '소프트웨어가 세상을 집어삼킨다'는 의미이다.

이 글을 쓴 마크 앤더리슨(Marc Andreessen)은 벤처 캐피탈리스트(VC)이지만, 그보다는 세계 최초의 대중적인 웹 브라우저 넷스케이프(Netscape)의 개발자로 더욱 유명하다. 그는 칼럼에서 많은 산업이 소프트웨어 기업에 의해 잠식당하는 현실을 지적하고, 이러한 흐름이 더욱 광범위한 영역으로 확산될 것이라 예측했다. 앤더리슨의 예측은 정확히 현실이 되었다.

오늘날 사람들이 스포티파이(Spotify)로 음악을 들으며 출퇴근하는 모습은 흔한 풍경이다. 스포티파이는 음악 스트리밍 서비스는 물론, 곡 데이터를 관리하고 사용자의 취향 분석에 기반한 음악을 추천하는 등 핵심 운영 전반을 소프트웨어로 제어한다. 불과 10년 전만 해도 상상하기 어려웠던 모습이다. 이제 소프트웨어는 다양한 산업 분야에서 상품과 서비스 개발의 핵심 동력이 되었다. 최근 10년간 GAFA가 이룬 눈부신 성장의 배경엔 고도화된 소프트웨어 기술력이 자리 잡고 있다고 해도 과언이 아니다.

소프트웨어가 세상을 장악한 근본적인 동력은 이를 구동하는 컴퓨터 성능이 경이로운 발전을 이뤘기 때문이다. 지난 30년간 슈퍼컴퓨터의 성능은 약 5년마다 10배씩 향상되어 10년이면 100배, 20년이면 1만 배, 30년이면 무려 100만 배에 달할 정도로 엄청난 성장을 보였다. 기업이 보유한 경영 자원 중 이처럼 폭발적인 속도로 가치가 증가한 사례는 찾아보기 힘들다. **따라서 이러한 계산력을 어떻게 활용하여 경영 혁신을 이룰 것인가가 기업의 생존과 미래를 좌우할 핵심 과제임은 자명하다.**

오늘날 소프트웨어의 기능과 성능은 그야말로 기하급수적인 속도로 발전하고 있다. 예를 들어 소프트웨어의 성능이 매년 2배씩 향상된다고 가정하면(2^n 형태의 성장), 5년 후에는 초기 성능의 32배(2^5)가 된다. 만약 이 성장률이 매년 3배라면(3^n), 그 속도는 훨씬 더 빨라진다. 이처럼 급격하게 변화하고 발전하는 디지털 환경은 종종 승자독식('Winner Takes All') 구조를 심화시키는 경향이 있다.

이런 이야기를 들으면 '나는 문과 출신이고 프로그래밍도 전혀 모르는데….'라며 지레 겁먹거나 비관적으로 생각하는 사람도 있을지 모른다. 하지만 너무 걱정할 필요는 없다. 이 글의 요지가 모든 사람이 직접 프로그래밍을 해야 한다는 의미는 아니기 때문이다.

핵심은 우리가 생각하는 것 이상으로 소프트웨어의 중요성이 날로 커지고 있다는 현실을 인식하는 데 있다. 앞으로 소프트웨어를 통해 데이터를 분석하고, 새로운 사실을 발견하며, 문제를 해결하는 흐름은 더욱 가속화될 것이다. 이제 소프트웨어는 특정 기술 산업뿐만 아니라 거의 모든 분야에서 핵심적인 임무를 수행하며 결코 간과할 수 없는 존재가 되었다는 점을 기억해야 한다.

'나라면 소프트웨어를 활용해서 어떤 새로운 가치를 만들 수 있을까?' 이렇게 상상력을 발휘해 보자. 물론 직접 소프트웨어를 개발할 수 있다면 더할 나위 없이 좋겠지만, 아이디어를 구체화하고 이를 실현해 줄 전문가와 협력하는 것 또한 훌륭한 방법이다.

직접 만들든 다른 사람의 도움을 받든, 모든 혁신의 시작은 상상에서 비롯한다는 점은 변함없는 사실이다. 상상이야말로 새로운 가치 창출의 기회이다.

현장에서 배우자

학교에서 배우는 공부는 기초가 되므로 중요하다. AI 시대가 도래해도 최소한의 읽기, 쓰기, 계산 능력은 어떤 직업을 하든 반드시 필요하다. 그러나 사회에 나온 후의 인생을 돌이켜 보니, 학교 바깥에서 배운 것들이야말로 내게는 훨씬 큰 도움이 되었다. 세상을 향한 호기심을 어떻게 계속 유지할지가 매우 중요하다.

나는 중학생 시절 취미로 해외 단파 방송을 듣곤 했다. 이 취미는 오늘날까지 이어지고 있다. 원래는 운동을 매우 좋아해서 야구에 푹 빠져있었다. 중학생 때는 내가 살던 도시와 미국 자매도시 간의 친선 경기에 대표팀으로 선발되어 미국 원정 경기까지 다녀올 정도로 야구에 모든 것을 걸었다. 그러나 부상으로 더 이상 투수를 할 수 없게 되었다.

바로 그때 단파 방송의 세계에 빠져들었다. 당시 단파 방송이 유행하기도 했지만, 나는 기술적인 원리에 더욱 큰 매력을 느꼈다. 단파 방송은 일본에서 송출한 전파가 지구 반대편까지 도달하기도 하는 기술이다. 이처럼 전 세계 구석구석으로 퍼져나가는 라디오 방송을 내 손으로 직접 수신할 수 있다는 사실에 깊이 매료되었다.

지구 표면 상공에는 전리층(ionosphere)이라는 것이 있다. 이는 태양 활동에 의해 특성이 변화하는 여러 겹의 층을 말하는데, 주파수에 따라 전파를 흡수하기도 하고 반사하기도 한다. 특정 전리층은 해가 진 지역에서 활성화되어 단파 주파수대의 전파를 반사하는 역할을 한다. 반면 중파나 초단파 등 다른 주파수의 전파는 전리층에 흡수되거나 제대로 반사되지 못해 멀리까지 닿지 않는다. 덕분에 기존에는 불가능했던 장거리 단파의 통신이 가능해졌다.

하지만 단파 라디오를 산다고 곧바로 모든 방송을 수신할 수는 없었다. 잡지 기사를 보며 직접 안테나를 제작한 끝에 겨우 수신하는 데 성공했다. 어린 마음에 '난국(難局)'이나 '진국(珍局)'이라 불리던, 희귀한 해외 방송국의 전파를 잡는 일이 너무나 즐거워 시간 가는 줄 몰랐다.

수신 사실을 담은 보고서를 해당 방송국에 보내면 답례로 수신 확인증(QSL 카드)이나 편지를 받았다. 방송국마다 각기 독특한 디자인으로 만든 QSL 카드를 모으는 재미가 쏠쏠했다.

방송국은 해외에 있었기 때문에 수신 보고서는 주로 영어나 스페인어로 작성해야 했다. 학교에서 영어를 공부하라는 말을 들었을 땐 시큰둥했지만 카드를 모으려면 영어를 공부할 수밖에 없었다. 무언가에 깊이 몰입하면 공부가 즐거워지는 전형적인 사례였다.

교과서에서는 '왜?'라는 질문에 깊이 파고들지 않는다. 하지만 기나긴 인생에서는 '왜?'라는 질문이야말로 가장 중요하다. 단파 방송을 수신하는 원리는 무엇인지, 어떻게 하면 희귀한 전파를 잡을 수 있는지, QSL 카드를 받으려면 영어로 어떻게 써야 하는지 등등 모든 고민과 탐구는 바로 이 질문에서 시작되었다. 열중하는 마음은 실력을 향상시키는 원동력이 된다.

당시 가장 인기 있던 단파 라디오 중 하나는 소니의 '스카이센서 5900(ICF-5900)'이라는 모델이었다. 지금 봐도 디자인이 무척 아름다운데, 이 라디오를 만든 회사가 소니였다. 나는 이렇게 멋진 라디오를 만드는 회사에 꼭 들어가고 싶다는 생각으로 중학생 때부터 소니 입사를 꿈꿨다. 하지만 어떻게 해야 소니에 들어갈 수 있는지는 알 수 없어 막막했다.

나름대로 조사해 보았더니 소니 창업자 중 한 사람인 모리타 아키오가 오사카 대학(大阪大学) 출신이라는 사실을 알게 되었다. 내가 오사카 대학 진학을 결심한 이유는 오직 그 때문이었다. 당시 나는 오사카 대학이 얼마나 들어가기 어려운지도 몰라서 학교 친구들에게 "오사카 대학 들어가기 어려워?"라고 묻고 다닐 정도였다.

단파 방송에 대한 열정이 소니 입사라는 목표로 이어졌고, 목표를 이루기 위한 과정으로 오사카 대학 진학을 결정한 셈이다. 만약 단순히 책상 앞에서 학문적 호기심만으로 공부했다면 지금의 내 경력은 없었을지도 모른다.

지식보다 경험이 훨씬 가치 있는 시대

'우선 해보자'는 태도는 단순한 상상보다 훨씬 더 중요하다.

예를 들어 야구에서 커브를 던지는 방법을 알고 싶다면 인터넷에 검색해 보면 쉽게 답을 찾을 수 있다. 하지만 실제로 던질 수 있는지는 전혀 다른 문제이다. 직접 시도해 본 후에야 비로소 깨닫게 되는 점들이 적지 않다.

직접 해보지 않고 정보만 접하면서 마치 잘 아는 것처럼 착각하는 경우가 종종 있다. **설명을 듣거나 질문해서 이해했다고 생각하지만, 막상 해보면 전혀 다르게 느껴질 때도 많다.**

그러므로 단순히 읽고 이해하는 데 그치지 말고 직접 실행하며 사유하는 과정이 필요하다. 만약 일본 전국시대의 역사에 관심이 있다면, 관련 서적을 읽는 것뿐만 아니라 실제로 그 시대의 성터를 방문해 보면 더욱 좋다. 그곳을 둘러보며 느낀 감상과 생각은 세상에 단 하나뿐인 고유한 경험으로 남는다.

AI가 발전함에 따라 **단순한 지식보다 실제 경험의 가치가 더욱 중요해지는 시대가** 되었다. 경험은 그 자체로 큰 의미가 있다. 직접 실행해 보는 과정에서 느낀 바가 중요하다.

큰 흐름을 의식하며 공부하자

새로운 무언가를 구상하고 만들어낼 때 사회경제적 변화와 기술 진화라는 거대한 흐름을 읽는 것은 매우 중요하다. 내가 사회에 첫발을 내디뎠던 1980년대 후반의 풍경을 돌이켜 보면 지금과는 너무나 다른 모습에 새삼 놀라움을 느낀다.

그 시절 기차역에서는 역무원이 일일이 승차권을 확인했고, 정기권도 눈으로 확인 도장을 받은 뒤에야 개찰구를 통과할 수 있었다. 개인은 물론 기업에서조차 이메일을 거의 사용하지 않았다. 그토록 아날로그적이었던 과거가 오늘날처럼 극적으로 변모하리라고 과연 누가 예측했을까.

하지만 나는 세세한 부분까진 아니더라도 변화의 큰 물결만큼은 어렴풋이 짐작했던 것 같다. 이는 내가 특별해서라기보단 당시에도 이미 기술 변화의 맥락을 읽고 미래를 조망하던 이들이 적지 않았기 때문이다. 물론 내가 기술자 출신이라는 점이 약간 도움은 되었을지 모르지만, 이렇게 시대적 흐름을 읽는 능력은 소위 문과나 이과 같은 학문적 배경과는 본질적으로 무관하다. **중요한 것은 시대의 큰 물결, 즉 트렌드를 포착하려는 의지와 변화가 가져올 미래를 배우고 대비하려는 자세다.**

이러한 거시적 흐름, 다시 말해 트렌드를 파악할 때는 인구 동태를 살펴보는 것이 매우 유용하다. 가령 앞으로 어떤 기술이 중요하게 떠오를지 예측한다면 나는 자율주행, 로보틱스, 인공지능을 미래 사회의 핵심 동력이자 소위 3종의 신기(神器)로 꼽고 싶다. 다소 진부하게 들릴지 몰라도, 이들 기술은 미래 사회에서 지금보다 훨씬 더 큰 의미를 지니게 될 것이다.

일본은 이미 세계적으로 유례없이 빠른 고령화를 겪으며 초고령사회에 진입했다. 고령 인구의 증가는 단순한 인구 구조의 변화를 넘어 사회 전체의 안전망을 강화해야 할 필요성을 증대시키며, 일본 경제의 지속 가능성과도 직결되는 문제이다.

나이가 들면서 신체 능력이 저하되면 직접 운전하기가 점점 어려워지므로 안전하고 편리한 이동을 보장하는 자율주행 기술의 필요성이 더욱 절실하다. 또한 개인의 자가용 소유 여부와 무관하게 사회 전체의 인구가 감소하면서 노동력이 부족해질 것은 자명하다. 그렇기에 버스나 트럭 같은 대중교통 및 물류 시스템에서는 자율주행 기술 도입이 더욱 빠르게 진행될 것이다.

고령화와 더불어 신체 활동에 제약을 받는 인구 역시 증가하기 마련이다. 의료 기술이 발달하면서 평균 수명은 계속 연장되고 있지만 그만큼 일상생활에서 타인의 도움이 필요한 이들도 늘어나고 있다. 따라서 앞으로 식사 준비나 청소 같은 가사 노동을 보조하는 로보틱스 기술의 역할은 지금보다 훨씬 더 중요해진다. 오늘날 로봇 청소기 '룸바(Roomba)' 등은 일부 얼리어답터들이 사용하고 있는데, 머지않아 더욱 다양한 가사 지원 로봇에 관한 사회적 관심과 수요가 폭발적으로 증가할 것으로 예상된다.

고령층은 신체적 어려움 외에도 나이가 들수록 기억력 감퇴와 같은 인지 능력 저하 문제에 직면한다. 이러한 문제를 완화하고 고령층이 독립적인 생활을 유지하도록 돕는 데 인공지능 기술이 핵심적인 임무를 수행할 수 있다.

이처럼 인구 구조 변화 같은 거시적인 관점에서 사회 전체를 조망하면, 미래 사회에 필요한 새로운 사회 기반 시설(인프라)**이나 시스템의 윤곽을 그려볼 수 있다.**

잠깐의 변화인지, 새로운 삶의 양식인지 파악하자

거시적인 변화를 직접 목격하지 못해도 상관없다. 자기 주변에서 일어나는 변화에 주목하는 것 역시 시대의 트렌드를 파악하는 데 유효한 방법이다.

예를 들어 코로나19 팬데믹 상황에서 원격 근무가 확산되고 음식점의 포장 판매가 보편화된 것을 생각해 보자. 원격 근무에 필요한 장비의 판매량이 급증했으며, 우버이츠와 같은 배달 플랫폼을 통한 수입 활동이 새로운 일자리 형태로 주목받았다. 이는 분명 새로운 시대의 트렌드가 형성되었음을 보여준다.

중요한 것은 이것이 일시적인 변화인지, 아니면 지속적인 변화인지 분별하는 능력이다. 원격 근무나 포장 판매는 하나의 라이프스타일로 자리 잡은 것처럼 보인다. 그렇다면 안정적인 수요 기반이 마련되어 관련 사업이 계속 창출되는 기회로 이어질 수 있다.

물론 이러한 통찰력을 갖추기는 쉽지 않다. 혼자서 판단하기 어렵다면 자주 접하는 키워드에 주목하는 것도 한 방법이다.

블록체인을 예로 생각해 보자. 블록체인이라는 용어는 대부분 들어 보았겠지만, 그것이 사회에 어떤 영향을 미칠지 구체적으로 파악하는 이들은 많지 않다. 이럴 때는 우선 블록체인과 관련된 서적, 블로그 게시물, 유튜브 해설 영상 등을 통해 정보를 탐색해 보자. 세부적인 기술 원리를 완전히 이해하지는 못하더라도 그 과정에서 기술의 대략적인 개념과 전망에 관한 윤곽을 파악할 수 있다. 그러면 점차 이 기술이 디지털 화폐에 적용되어 기존의 통화 개념을 바꿀 수 있으며, 나아가 기업 조직의 형태 자체를 근본적으로 변화시킬 잠재력이 있다는 점 등을 알게 된다.

  물론 블록체인 기술이 확산되었을 때 구체적으로 어떤 제품이나 서비스가 필요하게 될지 정확히 예측하기는 어렵다. 하지만 기술이 가져올 미래 사회의 변화 방향에 대해 어렴풋이나마 가늠해 볼 수는 있다.

지위에 기반한 이야기에 현혹되지 말 것

사회의 변화 방향과 기술의 진화 양상을 예측하려면 정보가 필수적이다. 역사상 오늘날처럼 정보가 넘쳐나는 시대는 없었다. 물론 그 속에는 유용한 정보와 그렇지 않은 정보가 혼재하지만, 양질의 정보는 많을수록 유익하다. 책, 잡지, 인터넷 기사 외에도 현장에서 활약하는 전문가의 강연에 참여하는 등 지식과 안목을 넓힐 방법은 다양하다.

다만 한 가지 유의할 점이 있다. 정보에 접근하기가 매우 편리해진 세상인 만큼 정보 발신자가 왜 그러한 정보를 전달하는지에 대한 배경과 이유를 항상 고려해야 한다. 대부분의 정보에는 어떤 의도가 내포되어 있다. 따라서 그 이면에 특정한 목적이 있을 수 있다는 전제하에 정보를 접하는 자세가 중요하다. 발신자의 지위나 권위에 현혹되어서는 안 된다.

물론 모든 정보를 의심할 필요는 없다. 유의미한 시사점을 담은 메시지도 많다. 하지만 내용에 깔린 가정이나 가설을 파악하고자 노력하다 보면 발신자가 왜 그러한 태도를 보이는지 이해할 수 있다. **나아가 어떤 주장이 어떤 가설에 기반하는지, 그리고 가설이 타당하지 않은 경우는 없는지 검토해 보아야 한다.**

우리는 잡지나 언론 매체 등에서 종종 '○○○의 시대가 온다', '○○○의 시대는 끝났다'라는 식의 표현이나 제목을 접한다. 이때는 그러한 주장을 하는 이가 해당 현상과 직접적인 이해관계를 가지는 인물인지 여부를 따져보는 것이 중요하다. 만약 정보 발신자에게 직접 질문할 기회가 있다면 주장의 근거가 되는 전제나 가설은 무엇인지 명확히 물어보는 것도 좋다.

흔히 유명하거나 영향력 있는 인물의 발언은 비판 없이 수용하기 쉽다. **하지만 날카롭거나 선도적인 의견일수록 때로는 극단적인 가설을 전제로 논리가 전개되는 경우도 적지 않다.** 만약 가설이 타당하지 않다면 주장의 설득력은 크게 떨어진다. 정보 발신자의 명성과 관계없이 항상 사실 여부를 따져보는 습관을 길러야 한다.

기초공사가 부실한 건축물은 나중에 큰 문제가 된다

기초공사가 부실한 건축물은 추후 여러 가지 문제를 일으킨다. 가벼운 문제라면 다행이지만, 때로는 치명적인 결함으로 이어지기도 한다. 기초공사가 부실하면 완성된 이후에 문제가 발생하여 이를 다시 수정하기 어려운 상황에 부닥치는 경우가 적지 않다.

기초공사의 중요성은 건축물에만 국한되지 않는다. 다양한 제품이나 서비스 개발에도 공통으로 적용되는 원칙이다. 또한 기초가 중요하지만 소홀하기 쉽다는 점도 업종을 불문하고 공통으로 나타나는 현상이다.

개발 과정에서 기초를 소홀히 하는 원인 중 하나는 마감 기한을 준수하기 위해 일정을 우선하는 태도에 있다. 디지털 제품의 경우 이렇게 기초 작업이 부실하면 완성 후에 보안 취약점이 생기거나, 미처 제거하지 못한 버그로 인해 오류가 계속 발생하여 결국 제품의 품질을 담보할 수 없는 결과로 이어지기도 한다. 이러한 문제가 발생하는 근본적인 이유는 개별 요소에만 집중하고 전체적인 관점을 간과하기 때문이다.

일본에서는 1990년대 이후 기업 합병이 활발히 이루어졌다. 이 과정에서 대대적인 시스템 통합이 진행되었는데, 일부 기업에서는 기존 시스템을 무리하게 통합하기도 했다. 그 결과 주요 은행의 시스템에서 대규모 장애가 발생했다는 언론보도도 있었다. 분명 서로 다른 시스템을 통합하는 작업 자체가 높은 난도를 요구하기는 하지만 과연 전체적인 관점에서 최적의 설계를 거쳤는지에 관해선 의문이 있다.

커다란 목표를 먼저 설정하자

전체적인 관점이란 구체적으로 무엇을 의미하는지, 나는 게임기 개발 사례를 통해 설명하고자 한다.

게임기 개발에서 기초공사에 해당하는 핵심 작업 중 하나는 핵심 부품인 반도체의 공정 미세도('프로세스 룰process rule')를 결정하는 것이다. 반도체는 웨이퍼(wafer)라는 원판 위에 회로를 새겨 제작하는데, 이때 회로의 선폭(line width)을 얼마로 할지 결정한다. 선폭이 중요한 이유는 선이 미세할수록 좁은 면적에 더욱 많은 회로를 집적할 수 있어 칩의 성능을 높이고 생산 비용을 절감할 수 있기 때문이다. **이는 최종 제품의 가격 경쟁력과 직결된다.**

따라서 게임기가 실제로 시장에 출시될 약 5년 후, 어떤 수준의 선폭 기술이 상용화되어 실제로 활용할 수 있을지를 예측하는 과정은 매우 중요하다. 선폭이 미세할수록 동일 면적에 더 많은 칩을 생산할 수 있어 개별 칩당 생산 비용은 낮아지기 때문이다.

물론 핵심 반도체 외에도 필요한 모든 부품의 수급 가능성, 예상 비용, 안정적인 물류 공급망 구축 등 전체적인 요소를 고려해야 한다. 핵심 기술인 반도체 선정 단계에서부터 실제 양산에 필요한 모든 요소를 면밀히 검토하는 과정이 중요하다. 이 같은 초기 설계 및 검토의 완성도가 최종 제품의 성능과 경쟁력을 좌우한다.

이러한 통합적 접근은 당연해 보이지만 실제로는 제대로 이루어지지 않는 경우가 많다. 그 이유는 개별 부품이나 단위 기술의 최적화에만 집중한 나머지 시스템 전체의 최적화를 간과하기 때문이다. 제대로 하려면 전체적인 목표를 먼저 설정하고, 이를 달성하기 위한 세부 목표와 각 구성 요소의 역할을 설계해야 한다. 예를 들어 새로운 자동차를 개발하는 목표가 빠르고 안전하게 장거리를 주행하는 것이라면, 타이어와 브레이크는 그 목표를 달성하는 데 중요한 구성 요소로서 각각의 역할과 요구 성능이 정의된다.

하지만 자동차 전체의 주행 성능과 사용자 경험이라는 상위 목표를 고려하지 않고 개별 부품인 타이어나 브레이크의 특정 성능만을 극대화하려 한다면 문제가 발생할 수 있다. 기업 내부 시스템을 보더라도 회계, 재무, 경영관리 등 각 부서의 필요에 따라 개별 시스템을 독립적으로 도입해 운영하는 경우가 적지 않다. 이 역시 전체적인 데이터 통합이나 업무 효율성 관점에서 최적화되지 못한 사례라 할 수 있다.

이처럼 개발 과정에서 기초 설계와 전체 최적화를 소홀히 하면 치명적인 문제에 직면할 수 있다. 이러한 문제는 특정 국가나 기업에 국한되지 않고 다양한 분야에서 관찰된다. 따라서 개발 초기 단계에서 '무엇을 위한 것인가'라는 근본적인 목적을 명확히 하고, 이를 바탕으로 전체적인 설계를 심도 있게 고민하는 것이 무엇보다 중요하다.

소비자의 니즈만큼 중요한 동료의 니즈 파악

애플의 창업자 스티브 잡스는 생전에 "소비자에게 무엇이 필요한지 물어보고 제품을 만들면, 그것이 완성될 즈음 소비자는 이미 더 새로운 것을 원한다."라는 취지의 발언을 했다. 이는 결국 소비자의 요구를 예측하고 선제적으로 새로운 가치를 제공하는 것이 중요하다는 의미이다.

새로운 가치는 업계나 시대 상황에 따라 구체적인 내용이 달라지지만, 이를 창출하기 위한 기본적인 사고방식에는 공통점이 있다. 개발 과정에서 요구되는 이러한 '선제적 사고'는 크게 두 가지 측면으로 나눠볼 수 있다.

첫 번째는 잡스가 강조했듯 소비자의 잠재적 요구(니즈)를 예측하고 선도하는 것이다. 두 번째는 함께 일하는 상사나 동료 등 내부 관계자의 요구를 미리 파악하고 대비하는 것이다. 어떠한 요구를 받았을 때 즉시 필요한 정보나 결과물을 제공할 수 있다면 과제의 진행 속도는 현저하게 빨라진다. 또 요구하는 입장에서는 상대의 즉각적인 반응을 통해 담당자가 문제점을 공유하고 미리 준비했다는 사실을 인지하게 된다. 이는 제품 출시와 같은 주요 의사결정을 할 때 확신을 강화하는 효과를 가져온다.

보통 소비자의 요구에 부응하는 일의 중요성은 잘 알면서도 두 번째 관점인 내부의 요구를 예측하는 일과 그에 대한 대비에는 소홀한 경우가 많다. 하지만 성공적으로 제품을 개발하려면 이것 역시 결코 간과할 수 없다. 팀 단위의 협업 환경에서는 이러한 선제적 사고를 하는 구성원의 존재야말로 원활하고 신속하게 업무를 추진하는 핵심 동력이다.

선제적으로 대응하는 것은 합리적인 선택이기도 하다. **빠르게 변화하는 시장 환경에서는 속도가 무엇보다 중요하다.** 예를 들어 소비자의 요구를 충족시키기 위한 개발 기간 자체는 전체적인 제품화 과정의 일부에 불과할 때도 있다. 특히 대규모 조직에서는 개발이 완료된 후에도 사업화 준비, 마케팅, 유통 등 여러 부서와 협업하는 후속 절차가 필요한데, 이 과정에서 전체 일정이 지연되는 경우도 많다. 시장에서 경쟁사 대비 압도적인 우위를 확보하려면 전체 과정을 고려한 선제적 접근이 꼭 필요하다.

소비자의 요구에 빠르게 대응하는 것과 조직 내부의 요구를 예측하고 대비하는 것은 마치 자동차의 양쪽 바퀴와 같다. 두 가지가 적절한 균형을 이룰 때 불필요한 자원 낭비나 시간 소모를 줄이고 다음 개발 단계로 신속하게 전환할 수 있다.

이를 위해서는 경제 동향, 최신 기술의 발전, 사회 기반 인프라의 변화, 소비자의 디지털 활용 능력(리터러시Literacy) 수준, 자사의 경영 성과 등 다양한 측면의 정보를 지속해서 수집하고 분석하며 미래를 예측하려는 노력이 필요하다. 초기에는 관련성이 낮아 보이거나 불필요한 정보까지 탐색하는 탓에 비효율적으로 느껴질 수 있다. 상당한 노력이 필요할지도 모른다. 하지만 꾸준히 이러한 과정을 반복하다 보면 미래를 내다보는 안목이 길러지고 점차 효율성도 향상될 것이다.

미래를 내다보는
안목을 기르는 두 가지 핵심

그럼 어떻게 멀리 내다보는 힘을 기를 수 있을까. 내 경험에 따르면, 앞서가는 사람에게는 크게 두 가지 능력이 있다. 바로 '객관적 사고'와 '중장기적 시점'이다.

객관적 사고란 열린 마음으로 다양한 것을 받아들이는 자세다. 사람은 본래 자기 생각에서 벗어나기 어려운 존재다. 다른 이의 의견을 의식한다고 해도 선입관이 방해하기 마련이다. 사람은 편견을 가지고 판단하기 쉽다는 전제하에, 가능한 한 기존 규칙이나 개념에 얽매이지 않으려고 노력하며 세상을 관찰하는 것이 좋다.

중장기적인 시야를 갖는 것 또한 중요하다. 자주 듣는 말이기는 하지만, 객관적 사고와 같이 실제로 실천하기는 간단하지 **않다. 현업에서는 많은 이들이 단기적인 업무에 매달리는 탓에 일반적인 업무 수행 방식을 따르며 눈앞의 상황만 보기 쉽다.**

당장 닥친 문제에만 집중하다 보면 미래를 보는 안목은 자연히 흐려진다. 물론 단기적인 성과를 내는 업무는 매일 얻는 수익의 기반이 된다. 그러나 눈앞의 일에 반사적으로만 대처하다 보면 중장기적인 관점으로 생각하는 훈련에 소홀하기 쉽다. 머리로는 알고 있더라도 평소에 멀리 내다보며 생각하는 습관을 들이지 않으면 필요할 때 갑자기 그런 시각을 갖추기는 어렵다.

일상적인 업무에서 한 걸음 물러나 사회 전체를 조망하는 관점에서 다시 한번 살펴보자. 그러면 현재와 미래의 트렌드가 더욱 또렷하게 보일 것이다.

'왜?'라고 묻는 습관은 생각보다 훨씬 중요하다

'왜?'라고 질문하는 태도는 본질을 파악하는 데 매우 중요하다.

소프트웨어 업계에는 **'게으른 사람이 좋은 개발자가 된다'** 는 오랜 격언이 있다. 소프트웨어 개발에는 수많은 단순 반복 작업이 포함된다. 누구나 귀찮게 느끼는 일이지만, 특히 더 귀찮아하는 사람일수록 이를 자동화하거나 효율적으로 처리할 방법을 적극적으로 고민한다. 결과적으로 이러한 노력이 조직 전체의 효율성을 높이는 데 기여한다.

이처럼 자기 일을 객관적으로 바라보며 '왜 이렇게 할까?', '더 나은 방법은 없을까?' 하고 끊임없이 질문하는 것은 앞서 언급한 것처럼 미래를 내다보는 안목을 기르는 첫걸음이 된다.

'일이란 일 자체에 헌신하는 것'이라는 말을 되새겨 보자. 이 말은 사람이 아니라 일 자체를 위하는 것이야말로 진정한 업무라는 의미다. 이러한 관점에서 보면 일에 얼마나 진정성 있게 몰입하느냐에 따라 일의 가치가 결정된다고도 할 수 있다.

스시 장인을 예로 들어보면 어떨까. 그들은 제철 생선을 가장 맛있게 선보이기 위해 초절임이나 재료 손질 같은 사전 준비를 미리 해두는 것은 물론, 더 나은 맛을 위해 끊임없이 새로운 방법을 고민한다. 고객이 주문했을 때 곧바로 최상의 스시를 제공하기 위해 항상 한발 앞서 준비하는 것이다. 이런 자세가 바로 일에 헌신하는 모습이다.

과거에는 전 세계 기업 가치 순위 상위권에 일본 기업들이 다수 포진했던 시절이 있었다. 하지만 30년이 지난 오늘날 그러한 모습은 찾아보기 힘들다. 반면 30년 전에는 존재하지도 않았던 미국 기업들이 새롭게 상위권을 차지하고 있다.

이러한 현상에는 여러 요인이 있겠지만, 일본 사회에 미래를 대비하고 변화를 주도하는 선견지명이 부족했던 것이 주요 원인 중 하나일지도 모른다. 많은 일본 기업은 고객에게 가치를 제공하고 고객의 요구에 부응하는 것을 핵심 전략으로 삼았다. 그러나 눈앞의 고객에만 집중한 나머지 정작 고객이 미래에 원할 제품이나 서비스를 예측하고 준비하는 데는 소홀한 결과를 낳았다.

우리는 다시 한번 일의 본질과 마주해야 한다. 때로는 위험과 비용을 감수하더라도 시대를 앞서 나가며 일의 의미를 새롭게 정의하고 창조해야 한다.

그들은 왜 그 기술과 방식을 채택했을까

제품이나 서비스를 개발하는 과정은 결코 순탄치 않다. 예기치 못한 문제 때문에 계획이 중단되는 경우도 흔하다.

이처럼 기존의 계획을 바꿔 다른 방법을 선택해야 할 때는 어떻게 하는 것이 최선일까? 새로운 기술이나 방안을 처음부터 실험하고 검증하려면 상당한 시간과 비용이 소요된다.

이런 상황에서는 '사고 실험(Thought Experiment)'이나 '데스크 리서치(Desk Research)'가 유용할 수 있다. 최근에는 컴퓨터 시뮬레이션을 통해 실물을 제작하지 않고도 실험할 수 있어 사고 실험과 분석을 뒷받침하는 환경도 점차 마련되고 있다.

거창한 분석까지는 아니더라도 생각의 재료는 주변에서 얼마든지 찾을 수 있다. 경쟁사가 채택한 기술이나 시장에 새롭게 등장한 기술 등이 좋은 재료의 예다. 만약 그 기술이 자신의 프로젝트와 관련이 있거나 유사하다면 훌륭한 사고 실험의 대상이 된다. **다른 기업이 왜 그 기술을 선택했는지를 추론해 보는 습관은 자사 제품이나 서비스의 강점과 차별성을 파악하는 데 도움이 된다.**

어느 기업이 제품 소형화를 목표로 기술 A를 채택했다고 가정해 보자. 기술 A는 소형화에 강점이 있지만 다른 성능은 기술 B와 거의 같고, 비용은 오히려 B가 약간 더 저렴하다. 만약 기술 A를 사용할 수 없게 된 상황에서 성능이 비슷하고 저렴하다는 이유만으로 B를 선택하는 것은 잘못된 판단이다. 이는 애초의 목표였던 소형화를 달성하지 못하게 되어 제품 본연의 콘셉트를 흔들기 때문이다. 이럴 때는 목표를 달성할 다른 대안, 즉 기술 C를 찾아야 한다. 사고 실험은 이런 판단을 내리는 데 도움을 준다.

세상에는 듣기만 해도 기대되는 신제품이나 서비스가 있는 반면 별다른 감흥을 주지 못하는 것들도 있다. **후자의 경우 제품의 콘셉트와 실제 구현된 기술 또는 구조 사이에 괴리가 있을 가능성이 크다.**

득히 완성도가 떨어지는 신제품이나 서비스 중에는 콘셉트,

기술, 혹은 사업 모델만 앞세우는 경우가 많다. 과거 '콘셉트 IPO(상장)'라 불리며 변변한 제품 없이 주식시장에 상장했던 일부 기업들이 좋은 예다. 이들은 인터넷 붐에 편승했지만, 막상 출시한 제품은 시장의 기대에 크게 미치지 못했다. 이런 사례들을 분석하는 것도 좋은 사고 훈련이 된다.

분석적 사고력은 실제 개발 현장에서 부딪히며 배우는 것만으로는 기르기 어렵다. 따라서 평소 뉴스 등을 통해 신제품을 접하면서 '왜 이 기술을 썼을까?', '나라면 저 기술을 썼을 텐데', '이렇게 판매하면 어떨까?'와 같이 적극적으로 생각하는 훈련이 필요하다.

꾸준히 훈련하다 보면 해당 기업이 실제로 개선된 버전을 출시하거나 경쟁사가 비슷한 아이디어를 적용한 제품을 내놓는 것을 예측할 수도 있다. 반대로 자신이 생각했던 것과는 전혀 다른 이유로 제품이 성공하기도 한다. 중요한 것은 이런 사고 실험을 반복하면 세상을 보는 시야가 넓어진다는 점이다.

예를 들어 일론 머스크(Elon Musk)가 이끄는 스페이스X(SpaceX, Space Exploration Technologies Corp)의 우주 사업을 보자. 스페이스X 로켓의 큰 특징 중 하나는 여러 개의 작은 엔진을 묶어 사용한다는 점이다. 거대한 엔진 하나 대신 다수의 소형 엔진을 클러

스터링(Clustering, 조합)하는 방식을 채택한 것이다.

왜 이런 방식을 선택했을까. 깊이 파고들수록 여러 가지 흥미로운 추측이 가능하다. '소형 엔진이라면 큰 공장 없이도 좁은 공간에서 대량 생산이 가능하지 않을까?', '하지만 엔진 수가 많아지면 제어가 훨씬 복잡해질 텐데 어떻게 해결했을까?', '엔진이 아무리 작아도 여러 개를 탑재하면 총중량이 상당할 텐데 경량화는 어떻게 달성했을까? 첨단 신소재를 사용했나?' 등 다양한 질문을 던져볼 수 있다.

단 하나의 발표 내용만으로도 그 이면을 상상하면 이처럼 수많은 의문이 꼬리를 문다. 이때 자신이 내린 잠정적 결론이 맞는지 틀리는지는 중요하지 않다. 때로는 아무리 조사해도 정확한 답을 알 수 없는 경우도 많다. 중요한 것은 '왜?'라고 질문하고 상상하는 과정 자체를 즐기는 자세다.

여러 번 강조하지만, 항상 '왜?'라는 질문을 품고 세상을 관찰하는 태도는 무언가를 만드는 사람에게 필요한 핵심 역량이다.

경쟁사의 동향을 파악하고, 인사 정보에 주목하라

무언가를 만드는 사람은 자신뿐만 아니라 시장과의 경쟁에서도 이겨야 한다. 그렇기에 경쟁사의 움직임을 파악하는 일은 매우 중요하다.

인사 정보, 특히 인력 이동은 경쟁사의 전략적 방향성에 관한 중요한 힌트를 제공한다. 이는 가장 쉽게 파악할 수 있는 신호다. 업계의 핵심 인물이 이동할 때는 신문이나 전문 매체에서 다루기도 하지만, 그 외에는 기업의 채용 공고를 통해 동향을 엿볼 수 있다.

기업이 어떤 인재를 영입하려 하는지를 보면 해당 기업이 앞으로 어떤 분야에 집중할지 예측할 수 있다. 예를 들어 자사의 우수 인력이 경쟁사로 스카우트된다면 경쟁사에서 어떤 사업이나 기술에 힘을 싣고 있는지 명확히 알 수 있다.

새로 만들어진 부서나 팀 역시 기업의 새로운 전략 방향을 시사한다. 큰 프로젝트의 경우 공식 발표가 이루어지기도 한다. 상장 기업이라면 대외적으로 크게 홍보하지는 않더라도 공시 등을 통해 조직 개편 내용이 공개되는 경우가 많으므로 이를 통해 주력 사업 분야를 파악할 수 있다.

좀 더 중장기적인 관점에서 미래를 예측하고 싶다면 논문 발표 현황을 살펴보는 것도 도움이 된다. 기술 분야에서는 핵심 기술에 대한 논문이 먼저 발표되는 경우가 많은데, 발표 후 빠르면 수년 내에 상용화로 이어지기도 한다. 최근에는 AI를 활용해 방대한 양의 논문을 분석해서 신약 개발을 돕거나 특허 및 논문 데이터를 기반으로 기술 전략을 세우는 과정을 지원하는 전문 서비스까지 등장했다.

만약 경쟁사의 특정 개발 조직이 첨단 기술 관련 논문을 꾸준히 발표한다면, 해당 조직의 연구 개발 방향과 향후 사업 전략을 어느 정도 짐작할 수 있다. 분석 결과에 따라서는 경쟁 기술에 대응하기 위한 준비가 필요할 수도 있다.

이처럼 공개된 정보를 꾸준히 조사하고 분석하면 향후 5년 정도의 업계 동향을 미리 파악하는 데 큰 도움이 된다. 물론 **업계 관계자나 내부 소식을 통해 정보를 얻을 수도 있겠지만, 의외로 공개된 정보만 가지고도 경쟁사의 전략 방향을 추론할 만한 단서를 얻을 수 있다.**

초기 비용 없이
손쉽게 만들기 시작하는 시대 ─────

오늘날 제품이나 서비스를 만드는 기업에 기술의 급격한 변화는 더 이상 피할 수 없는 현실이다. 너무나 당연한 사실이지만 막상 자기 회사나 본인의 일이 되면 이를 간과하기 쉽다.

 최근에는 단순히 필요한 기술이 변하는 것을 넘어 기업이 자체적으로 감당해야 하는 기술의 범위 또한 달라지고 있다. 특히 지난 몇 년간은 전통적인 제조업체조차 모든 생산 과정을 직접 책임질 필요가 없어졌다. 예를 들어 애플은 아이폰의 핵심 칩을 직접 설계하지만, 실제 생산은 외부의 전문 기업에 맡긴다. 반도체 위탁 생산(파운드리foundry) 분야에서 세계적인 기업으로 성장한 대만의 TSMC가 대표적이다.

 이러한 환경 변화는 개인에게도 큰 기회를 제공한다. 누구나 비교적 쉽게 창업에 도전할 수 있는 시대가 열린 것이다. 과거에는 IT 서비스 회사를 설립하려면 서버를 구매하고 데이터 센터를 임대하는 등 수천만 원 이상의 초기 투자가 필요했지만, 이제는 아마존 웹 서비스(AWS)나 마이크로소프트 애저(Azure) 같은 클라우드 서비스를 활용하면 복잡한 인프라 구축 작업 없이 훨씬 적은 비용으로 회사를 시작할 수 있다. 회계나 법무 같은 전문 업무는 외부 업체에 맡기고, 사무 공간도 공유 오피스를 이용하면 비용 부담을 크게 줄일 수 있다. **그야말로 창업가가 '만드는 일', 즉 핵심 가치 창출에만 집중할 수 있는 환경이 조성된 것이다.**

소프트웨어를 중심으로 제품과 서비스를 개발하는 시대가 되면서 대규모의 설비 투자 없이도 기능을 쉽게 변경하고 개선할 수 있게 되었다. 시행착오를 겪고 개선하는 작업이 쉬워진 만큼 시장의 진입 장벽은 과거에 비해 분명히 낮아졌다.

누구나 새로운 가치를 창출하여 고객에게 더욱 쉽게 다가갈 수 있는 시대가 열렸다. 하지만 진입 장벽이 낮아진 만큼 경쟁은 더욱 치열해졌고, 이는 제품과 서비스의 생존 주기를 단축하는 결과로 이어졌다.

물론 기존의 방식이나 스타일을 고수할 수도 있다. 오랜 역사와 전통을 자랑하는 노포 브랜드처럼 의도적으로 변화를 추구하지 않는 것 역시 하나의 전략이 될 수 있다. 다만 어떤 전략을 선택하든 혁신적인 제품과 서비스가 끊임없이 등장하기 쉬운 환경이라는 점은 명확히 인지해야 한다.

AI의 눈과 가상현실:
제2의 캄브리아기 폭발

최근 AI의 능력이 비약적으로 발전했다는 것은 누구나 인정하는 사실이다. 이러한 배경의 핵심에는 딥러닝(심층 학습) 기술이 있다. 간단히 말하자면 AI가 방대한 양의 데이터를 학습하면서 사물이나 패턴을 인식하는 정확도가 극적으로 향상된 것이다.

특히 이미지 인식 기술의 발전은 사회 전반의 자동화를 가속화하고 있다. 이미지 인식 정확도가 향상된 것은 비유하자면 로봇에게 눈이 생긴 것과 같다. **생물학적으로 볼 때 '눈'의 등장은 폭발적인 진화를 촉발하는 계기가 된다.**

약 5억 4천만 년 전 고생대 캄브리아기(Cambrian Period)에 일어난 생물 다양성의 폭발적 증가('캄브리아기 폭발')는 바로 이 '눈의 진화'에서 시작되었다는 학설이 유력하다. 당시 해저에 살던 삼엽충이 처음으로 성능 좋은 눈을 갖게 되어 강력한 포식자로 등장했고, 이에 대항해 피식자들 역시 이동 능력을 발달시키는 등 생존 경쟁이 격화되면서 진화의 속도가 급격히 빨라졌다는 것이다.

고생물학자 앤드루 파커(Andrew Parker)는 눈을 가진 생물의 출현이 생존 경쟁의 규칙 자체를 바꾸는 게임 체인저(Game

Change)를 일으켰고, 이것이 극적인 진화 가속화로 이어졌다고 설명한다. 다만 캄브리아기 폭발에 대해서는 다른 해석도 존재한다. 당시 단단한 외골격을 가진 생물이 늘어나면서 화석으로 남기 쉬워졌기 때문에 실제보다 더 생물 다양성이 급증한 것처럼 보일 뿐이라는 주장도 있다.

그렇다면 현대 사회의 디지털 정보 처리 능력이란 관점에서 캄브리아기 폭발과 맞먹는 AI의 비약적인 발전은 우리에게 무엇을 가져다줄까? 유력한 후보 중 하나는 본격적인 가상현실(VR)이 도래하는 미래이다. 최근 주목받는 '메타버스(Metaverse)' 역시 이러한 디지털 기술 진화가 낳은 결과물이다.

가상현실:
라이프스타일을 바꿀 무한한 기회

가상현실의 가장 큰 매력은 마치 실제 현장에 있는 듯한 현실감 또는 몰입감을 제공한다는 점이다. 오늘날 메타버스는 몰입감을 높이기 위해 헤드 마운트 디스플레이(HMD, Head-Mounted Display) 같은 전용 장비를 사용하는 경우가 많지만, 넓은 의미의 가상현실 경험은 대형 스크린이나 태블릿 등 다양한 디스플레이 장치를 통해서도 구현될 수 있다.

실제로 서로 다른 지역에 있는 회의실을 고품질 영상 시스템으로 연결해서 마치 같은 공간에 모여 이야기하는 듯한 몰입형 원격 회의 시스템이 이미 활용되고 있다.

가상현실은 회의뿐 아니라 원격 교육 및 연수, 제품 및 서비스 공동 개발, 가상 쇼케이스 등 다양한 활용 가능성이 있다. 가상현실 기술이 더욱 보편화되면 원격 근무는 지금보다 훨씬 활성화될 것이다. 물론 직접 얼굴을 보고 소통하는 것이 가장 이상적이겠지만, 전 세계의 뛰어난 인재들을 한곳에 모으기는 현실적으로 매우 어렵다. 코로나19 팬데믹을 거치며 화상 회의가 일상화된 만큼, 앞으로 가상현실 기반의 원격 협업은 더욱 자연스럽게 우리 삶에 자리 잡을 가능성이 높다.

나아가 이러한 시스템이 가정으로 확산된다면 거대한 신규 시장이 열릴 수도 있다. 예를 들어 학업이나 직장 문제로 가족과 떨어져 살아야 하는 경우라면 고도화된 VR 기술을 통해 물리적 거리를 넘어 함께 생활하는 듯한 '원격 동거'도 가능할지 모른다.

이를 뒷받침하는 디스플레이 기술 역시 액정(LCD), 유기발광 다이오드 패널(OLED) 등 소재의 발전과 함께 해상도가 지속적으로 향상되고 있다. 기술적으로는 이미 벽면 전체를 디스플레이로 활용할 수도 있다. 집안 곳곳에 고화질 디스플레이를 설치한다면 멀리 떨어진 가족과 같은 식탁에 둘러앉아 저녁 식사를 함께하는 가상 경험이 일상이 될지도 모른다.

이처럼 가상현실 기술이 계속 진화함에 따라, 참신한 아이디어만 있다면 우리의 라이프스타일을 근본적으로 바꿀 기회는 여전히 무궁무진하다.

특히 일본처럼 고령 인구 비율이 높은 사회에서는 가상현실을 활용하여 노년층의 삶의 질을 높이고 새로운 소통 방식을 제공하는 등 맞춤형 라이프스타일과 비즈니스 기회가 활발히 모색되고 있다.

현재 기술 발전의 연장선상에서 미래 사회가 어떤 모습일지, 어떤 새로운 가능성이 열릴지 상상해 보는 것은 '창조하는 사람'에게 매우 흥미롭고 중요한 과정이다.

거대한 기술의 이면에는 우리를 위한 혜택이 있다

어느덧 우주는 우리에게 매우 친숙한 존재가 되었다. 결혼할 무렵 아내와 '죽기 전에 우주에 갈 수 있을까?' 하고 이야기를 나누던 기억이 나는데, 이제는 일반인도 비용만 감당한다면 우주여행이 가능한 시대가 열렸다. 테슬라 CEO인 일론 머스크가 이끄는 스페이스X는 로켓을 항공기처럼 다시 사용해서 우주여행에 드는 비용을 현재의 100분의 1 수준으로 낮출 수 있다고 주장한다.

물론 우주 개발에 대한 뜨거운 관심 안에는 매우 다양한 규모와 성격의 프로젝트들이 존재한다. 단순한 우주 관광 상품부터 인류의 화성 이주 계획까지 그 모든 것을 하나의 범주로 묶기는 어렵다. 지구에 살기 어려워질 때를 대비한 탈출 계획이나 인류의 새로운 활동 영역을 개척하려는 탐험 정신 등 다양한 동기가 작용하기 때문이다. 또한 지구의 중력 환경에서는 만들기 어려운 고순도의 결정체나 신약을 무중력 상태에서 생산하려는 계획도 추진되고 있다. 목적은 제각각이지만 하나같이 흥미로운 도전들이다.

여기서 중요한 점은 이러한 프로젝트들이 추진되는 과정에서 개발된 기술이 민간 부문으로 퍼져나가 우리의 일상에 큰 혜택을 가져다준다는 사실이다. 잘 알려져 있듯 전쟁 자체는 엄청난 비극이지만 역설적으로 기술의 비약적인 발전을 이끌기도 했다.

오늘날 일상생활에서 빼놓을 수 없는 레이더 기술이나 통조

림 가공 기술 등은 제2차 세계대전 중 군사적 필요에 의해 개발된 것들이다. 업무에서 매일 같이 사용하는 컴퓨터 그래픽 기술도 군사 기술이 그 시초다. 1990년대 오락실을 풍미했던 세가(Sega)의 3D 격투 게임 〈버추어 파이터(Virtua Fighter)〉의 혁신적인 그래픽을 구현하는 데 사용된 보드가 항공우주 기업인 마틴 마리에타(Martin Marietta, 현 록히드 마틴Lockheed Martin)와의 협력으로 개발되었다는 사실은 이러한 기술 확산의 좋은 예다.

본격적인 우주 시대가 열리면 화성 탐사, 소행성 자원 채굴, 행성 간 이동 기술 연구 등 이전과는 차원이 다른 장대한 프로젝트들이 시작될 것이다. 이러한 거대 프로젝트에서 파생될 새로운 기술들을 주시하고, **기술이 우리 사회와 산업에 어떻게 응용될 수 있을지 상상력을 발휘한다면 새로운 비즈니스 기회를 발견할 수 있을지도 모른다.**

제3장
지식과 아이디어를 활용하는 법

의사소통은
생각보다 훨씬 더 중요하다 ─────

무언가를 만들 때는 팀으로 일하는 경우가 많다. **누군가와 함께 제품이나 서비스를 만들 때는 서로 같은 전제를 공유하고 있는지 주의 깊게 살펴야 한다.** 제대로 전달했다고 생각해도 상대방은 다르게 해석하는 일이 종종 발생한다. 항상 자신의 의도가 잘 전달되었는지 확인하지 않으면 제품이나 서비스가 어느 정도 완성된 후에야 생각의 차이를 발견하는 문제가 생길 수 있다. **이처럼 초기에 서로 다른 생각을 조율하지 않으면 나중에 돌이킬 수 없는 상황에 이를 수도 있다.**

특히 일본에서는 '굳이 말하지 않아도 서로 잘 안다'는 식의 분위기가 생기기 쉬운데, 그러다 결국 큰 문제가 발생하기도 한다. 어떤 프로젝트든 시간 제약이 따르기 마련이다. **시간이 부족할수록 오히려 의사소통을 더욱 철저히 해야 한다.**

서로 생각이 다르다는 것을 알아챌 수 있는 실마리는 분명히 있다. 평소와 다름없는 대화나 토론 중에 '어? 뭔가 이야기가 안 맞는 것 같은데' 하고 느껴질 때가 있을 것이다. 그러한 위화감을 결코 가볍게 넘겨서는 안 된다.

상대방의 말에서 이상한 느낌이 든다면 왜 그런 대답을 했는지 이유를 곰곰이 생각해 보아야 한다. 그러면 그와 같은 대답이 나온 배경을 파악할 수 있다. 상대방이 왜 그렇게 이해했는지 추측하면서 다시 대화를 나누다 보면 어디에서 인식의 차이가 생겨났는지 알아낼 수 있다.

이때 '알고 있어요?', '이해했어요?'와 같은 직접적인 질문은 피해야 한다. 왜냐하면 이런 질문에 모르겠다고 솔직히 대답하는 사람은 매우 드물기 때문이다. 내 경험상 많은 사람들은 '이해한 것 같아요' 혹은 '대략 알겠습니다'와 같이 모호하게 대답한다. **하지만 이렇게 대답하는 사람들의 상당수가 실제로는 제대로 이해하지 못했다고 봐야 한다.**

이해했다고 생각하는 것은 어디까지나 듣는 사람의 주관적인 판단일 뿐이다. 말하는 사람이 의도한 대로 상대방이 이해했는지 대답만으로는 알 수 없다. 그러므로 항상 '과연 제대로 이해했을까?'라고 스스로 점검하고 확인하려는 자세가 중요하다.

배경이 다른 사람들이
같은 전제를 공유하기는 어렵다

언젠가 SNS에서 격렬한 논쟁을 불러일으킨 문제가 있다. 바로 '머리가 빨간 물고기를 먹는 고양이' 문제다. 이 말을 듣고 무엇을 떠올렸는가?

사실 이 문장은 다음과 같이 최소 다섯 가지로 해석될 수 있다.

① **머리가 빨간, 물고기를 먹는 고양이** → 고양이의 머리가 빨갛다. (물고기를 먹는 습성이 있는 고양이인데, 그 고양이의 머리가 빨갛다.)

② **머리가 빨간 물고기를, 먹는 고양이** → 물고기의 머리가 빨갛다. (고양이가 머리가 빨간 물고기를 먹고 있다.)

③ **머리가, 빨간 물고기를 먹는, 고양이** → 고양이의 '머리'가 빨간 물고기를 먹고 있다. (고양이 몸통과는 별개로 머리가 먹는 주체

처럼 해석될 여지가 있다.)

④ **머리가, 빨간 물고기를 먹는 고양이** → '머리'만, 빨간 물고기를 먹는 고양이. (몸통 없이 머리만 존재하는 고양이가 물고기를 먹는다는 기괴한 해석의 가능성이 있다.)

⑤ **(머리가 빨간), (물고기를 먹는 고양이)** → 머리가 빨간 고양이가 현재 물고기를 먹고 있다. (①과 유사하지만 '물고기를 먹는' 행위에 초점을 둔다. 머리 이외의 색깔은 불분명하다.)

'어떻게 이런 해석까지 가능하냐'고 생각할 수도 있지만, 사람의 고정관념이나 선입견만큼 해석을 왜곡시키는 데 위험한 요소는 없다. 이처럼 간단한 문장 하나에도 다양한 해석의 여지가 있다. 그러므로 프로젝트 관계자가 많을수록 더욱 의사소통에 신중해야 한다.

각자 살아온 배경과 경험이 다르다 보니, 의사소통 과정에서 서로 다르게 생각하는 일은 빈번하게 발생한다. 예를 들어 게임을 개발하는 경우에는 반도체, 통신, 운영체제(OS), 그래픽, 사운드, 발열 처리 등 각기 다른 분야의 전문가들이 하나의 팀으로 모이기 때문에 이들 모두가 처음부터 같은 전제를 완벽히 공유하는 것은 불가능하다고 여기는 편이 오히려 현실적이다.

많은 팀원들은 각자 자기 분야의 상식을 당연하게 여기며

이야기한다. **이에 따라 서로의 생각과 이해에는 점점 차이가 벌어진다.** 초기에 이러한 인식의 차이를 발견하고 더 큰 문제로 번지기 전에 해소하고자 하는 자세가 필요하다.

트렌드를 이해하고
활용 방안을 주체적으로 생각하라

거대한 트렌드를 의식하는 과정이 왜 중요한지 앞서 여러 번 강조했다. 트렌드를 파악하려면 뉴스는 물론 트렌드에 민감한 사람의 SNS를 팔로우하거나 젊은 세대의 행동을 관찰하는 등 다양한 방법을 활용할 수 있다. 때로는 SF 영화를 통해 미래를 상상해 보는 방법도 좋을 것이다. 트렌드를 파악했다면 다음 단계는 '이를 어떻게 활용할 것인가'이다.

트렌드 안에 담긴 핵심 요소에 주목해 보자. 제품과 서비스를 뒷받침하는 기술과 인프라가 바로 그것이다. 만약 앞으로 전기자동차가 본격적으로 널리 보편화될 것이라 예측했다고 가정한다면, 그다음에는 배터리 성능은 충분한지, 충전소는 부족하지 않은지 등을 생각해 보는 것이다.

아무리 기술과 인프라가 갖추어졌다고 해도 사회 구성원 대

다수가 이를 받아들일 준비가 되었는지, 전반적인 사회 분위기는 어떠한지도 고려해야 한다. 환경친화적인 제품이 수용될 만한 시장 상황인지, 더 나아가 관련 법률이나 제도는 마련되어 있는지도 살펴본다.

어쩌면 당신이 만들고자 하는 제품이나 서비스가 정부 보조금 검토 대상일 수도 있다. 이런 경우 유망한 아이템이 될 가능성이 크다. **보조금이 지급되는 분야는 국가가 정책적으로 육성하는 영역이기 때문이다.**

이렇게 트렌드를 뒷받침하는 여러 가지 요소가 파악되면, '이 아이템은 트렌드와 맞지 않아 성공하기 어렵겠다', '이것은 분명히 성공할 가능성이 높다'와 같은 판단을 할 수 있다. 이렇게 파악한 트렌드를 구체적으로 활용할 방안을 세울 수도 있다. 물론 예측이므로 100퍼센트 확실하지는 않지만, 성공 가능성에 대한 판단의 정확도는 상당히 높아진다.

실제로 트렌드를 활용하기 위해서는 자신의 예측이 맞는지 작은 규모로 시험해 보는 것이 가장 좋다. 머릿속으로 생각만 하기보다 일단 실행해 보는 것이 훨씬 중요하다.

자기 분야의 정보는 꾸준히 확인하자

누군가를 집에 초대해 저녁 식사를 준비한다고 가정하자. 당일 갑자기 새로운 조리법을 시도하거나 한 번도 만들어본 적 없는 요리를 내놓지는 않을 것이다. 프로 요리사조차 여러 번 시식을 거친 후에야 손님에게 낼 메뉴를 정한다. 꾸준히 시도하고 개선하는 과정에서 때로는 사람들이 정석이라 부르는 방법보다 더욱 효율적인 길을 발견하는 경우도 드물지 않다.

프로 요리사 중에는 레시피 공유 사이트 '쿡패드(Cookpad)'[4]를 참고하는 사람이 적지 않다고 한다. 쿡패드 이용자는 대부분 아마추어지만, 그 사이트에서는 인기 있는 레시피를 언제든 쉽게 찾아볼 수 있다. **이처럼 인터넷을 통해 여러 사람의 아이디어가 모인 자료는 때로 프로에게도 영감을 주는 보물 창고와 같다.**

프로 요리사는 정식으로 조리법의 기초를 배웠겠지만, 기존 상식에 얽매이지 않고 새로운 트렌드를 끊임없이 파악하려는 열린 자세를 유지하기 때문에 이와 같은 활용이 가능한 것이다. 이러한 자세는 어떤 분야에서든 중요하다.

---

4   일본의 요리 레시피 사이트.

특정 기술에 대한 정보를 수집하다가 쓸 만해 보이는 것을 실험적으로 먼저 적용해 보고 어떤 결과가 나오는지 미리 검증하는 것도 좋다. 실제 상용화 단계에 와서야 처음 기술을 다루기 시작한다면 제대로 활용하기 어렵다.

누군가가 어떤 시스템을 개발하고 설계했다고 가정해 보자. 시스템이 마침내 상용화 단계에 이르러 사용자 테스트를 진행하다 보면 참여자들이 개발자나 설계자가 미처 예상하지 못한 방식으로 시스템을 사용하는 경우가 많다. 개발자 입장에서는 예상 밖의 조작이라 할지라도 시스템이 멈추거나 고장 나는 것은 물론 사용자의 안전을 위협하는 일이 없도록 대비해야 한다. 특히 사용자가 다치는 일은 절대로 없어야 한다. 그래서 상용화 전에는 사용자의 예상치 못한 행동을 포함하여 다양한 사용 방식과 상황을 미리 가정하고 대비하는 것이 중요하다.

작게라도 미리 시도해 보는 것은 언제든 가능하다. 꼭 실행해 보기를 바란다.

잡담은 아이디어를
다듬는 중요한 요소다

사회에 나가서 가장 먼저 듣는 지침 중 하나로 '보고, 연락, 상담'의 중요성을 꼽을 수 있다. 하지만 예전에 누군가로부터 받은 조언 중 내게 가장 강하게 남은 것은 정반대였다. 그 조언은 '보고, 연락, 상담보다는 잡담을 하라'는 것이었다. 핵심은 잡담을 통해 관계를 만들고 나서 상담하라는 뜻이다.

보고와 연락은 비교적 쉽게 할 수 있지만, 상담에 관해서는 대부분 '말은 쉬워도 편하게 상담하기는 어렵다'고 생각한다. **실제로 잡담을 편히 나눌 수 있는 관계가 아니라면 상담도 원활히 이루어지기 어렵다.**

잡담할 수 있는 관계를 만드는 것은 일을 순조롭게 진행하는 데 필수적이다. **특히 무언가를 '만드는' 사람에게는 더욱 그렇다.** 혁신의 씨앗은 한 사람의 번뜩이는 아이디어에서 나오기보다는 다양한 요소들이 조합될 때 움트는 경우가 많다.

흔히 전구는 에디슨이 발명했다고 알려져 있는데, 이는 정확한 사실이 아니다. 에디슨은 필라멘트 전구의 기본 원리 자체를 발명하지는 않았으며 기존의 필라멘트 재료를 개량하여 실용적인 전구를 상용화한 사람에 가깝다. 이처럼 발명은 시공간을 초월하여 많은 이들이 협업한 역사이기도 하다.

만드는 현장에는 이런 사례가 흔하다. 당사자는 그다지 중요하게 여기지 않지만, 다른 요소와 결합했을 때 큰 성과로 이어질 만한 잠재력을 지닌 아이디어나 기술이 주변에 굴러다니는 경우도 많다. 이럴 때야말로 잡담이 중요한 역할을 한다. **자신은 별것 아니라고 생각한 이야기가 상대방에게는 큰 흥미를 유발하고, 그런 대화 속에서 아이디어가 점차 구체화되고 다듬어지기도 한다.**

그러니 같은 부서 동료뿐 아니라 소속과 관계없이 다양한 사람들을 만나 편하게 잡담을 나누자. 나 역시 지금도 예전에 근무했던 소니나 라쿠텐 출신 사람들과 만나 밥을 먹고는 한다. 단순히 옛 친구를 만나는 것이 아니다. 대부분 나와 같은 부서에서 일했던 사람들도 아니다. 하지만 같은 회사에서 근무했었기에 서로의 상황을 잘 이해하고 공통의 지인도 있는 만큼 편하게 잡담을 나눌 수 있다.

요즘은 SNS 덕분에 잡담을 나누기가 더 쉬워졌다. 특히 '아저씨 SNS'라고도 불리는 페이스북은 어느 정도 개인 정보가 공개되고 활동 기록이 쌓여있어 서로의 근황을 파악하고 대화를 시작하기에 적합하다. 페이스북 친구가 흥미로운 내용을 공유하거나 무언가 정보를 찾고 있다면, 메시지 등을 통해 가

법게 말을 걸어보는 것도 좋다. 이야기가 잘 통하면 직접 만나 대화를 이어가도 좋다.

성공은 기존 요소의
새로운 조합에서 탄생한다

오랫동안 개발 업무를 하다 보면, 여러 가지 기술을 접하며 '이들을 어떻게 조합하면 지금까지 없던 새로운 제품이나 서비스를 만들 수 있을까?'라고 상상하게 된다. 비단 기술 개발 분야뿐 아니라 새로운 무언가를 만들어낼 때 누구나 공통으로 하는 생각이 아닐까 싶다.

성공적인 결과물을 만들기 위한 사고방식은 요리와도 꽤 비슷하다. 일류 요리사는 제철 식재료의 특성을 잘 살려 전에 없던 새로운 요리를 창조한다. 기술자 역시 최종 제품이나 서비스가 완성된 모습을 그리며 필요한 요소를 생각한다. 어떤 기술이 부족한지, 그 기술을 바로 활용할 수 있는지, 기술 확보 가능성은 어느 정도인지까지 고려하며 전체적인 구상을 다듬는다.

스티브 잡스는 매년 활용할 수 있는 기술을 다시 검토했다고 한다. **제품에 적용할 만한 새로운 기술을 항상 주시하며 목**

록으로 관리했다. 이처럼 유행 가능성이 있는 기술을 미리 파악해 두면 경쟁사보다 뒤처지지 않고 적절한 시기에 상용화를 추진할 수 있다. 아직 실용화 단계가 아닌 기술이더라도 꾸준히 시제품을 만들며 연구하면서, 실제로 상용화가 가능해졌을 때 즉시 적용하는 식으로 준비하는 자세가 중요하다.

나는 10년 이상 디지털 기술 기반의 연구 개발에 참여했다. 게임기를 포함한 소비자용 플랫폼부터 나노미터급 반도체, 글로벌 규모의 클라우드 서비스까지 다양한 분야의 개발을 경험하면서 새로운 '메뉴(제품이나 서비스)'를 개발하는 데는 몇 가지 공통된 공식 또는 패턴이 있다는 것을 알게 되었다.

예를 들어 요리는 기본적으로 고기나 생선 같은 주재료에 양념을 더해 가공하는 작업이다. 이때 활용할 수 있는 한 가지 공식은 기존 요리법에서 주재료를 바꾸는 것이다. 이것만으로도 새로운 맛의 요리가 탄생한다. 쉬운 예로 전채 요리의 단골 메뉴인 '생햄과 멜론'(일본에서 메인 요리에 앞서 자주 먹는 전채) 조합을 들 수 있다. 이 조합을 '단맛 과일+약간의 지방과 염분이 있는 육류'라는 추상적인 관계로 파악해 보자. 그러면 '복숭아와 돼지 등지방' 같은 새로운 메뉴를 창조해 낼 수 있다.

또 다른 공식으로는 따뜻한 요리를 차갑게 내놓는 식으로 물리적 속성(매개변수)을 반전시키는 방법도 참고할 만하다. 기술 개발을 할 때 일반적으로 단점이라 여기는 특성을 오히려 적극적으로 활용하는 경우가 이에 해당한다.

오늘날 디지털 기기의 핵심 부품인 반도체가 좋은 예다. 과거 반도체는 전기가 잘 통하는 도체와 전혀 통하지 않는 부도체의 어중간한 성질 때문에 주목을 받지 못하고 사용하기 불편한 소재로 여겨졌다.

하지만 반도체에 특정 불순물을 첨가하여 내부의 전하 운반자(전류를 나르는 입자)를 제어하면, 도체나 부도체로는 불가능한 독특한 물리 현상을 구현할 수 있다는 사실이 밝혀졌다. **이러한 특성은 전기 신호의 증폭이나 스위치(ON/OFF) 기능으로 응용될 수 있었고 이후 여러 발견과 발명을 거쳐 오늘날 거대한 반도체 산업으로 발전했다.** 반도체의 증폭 및 스위칭 기능은 이제 라디오, 텔레비전, 컴퓨터, 스마트폰 등 거의 모든 전자기기의 필수 요소가 되어 우리 생활과 떼려야 뗄 수 없는 존재가 되었다.

새로운 요리를 창조하려면 기존과 다른 조리법을 개발해야 하는 것처럼, 기술자가 새로운 장치를 만들 때도 제조 방법, 특히 대량 생산 방법까지 처음부터 고려하는 경우가 많다. 이 과정은 서로 매우 닮았다.

요리 역시 항상 같은 레시피가 최고인 건 아니다. 사람들의 입맛이 변하고 조리 도구도 진화하는 등 끊임없이 변화가 일어난다. 마찬가지로 변화 속도가 매우 빠른 디지털 기술을 활용해 제품이나 서비스를 만드는 크리에이터는 항상 최신 정보에 관심을 가져야 한다. 그리고 기존의 지식과 경험을 새로운 정보와 결합하여 결과물을 만들어낸다.

세상에 완전히 새롭고 기발한 히트작은 거의 없다. 기존 요소들을 새롭게 조합하고 끊임없이 개선하는 과정이 때로는 고되게 느껴질 수 있지만, 이는 성공으로 가는 가장 확실하고 빠른 길이다.

해본 적 없더라도
전문가가 알려주면 시도해도 좋다

새로운 분야에서 새로운 프로젝트를 진행하려면 혼자서는 감당하기 어려운 폭넓은 지식과 지혜가 필요하다. **이때 그 분야를 잘 아는 사람의 존재가 중요하다.**

지식이나 경험이 부족한 일에 도전해야 한다면, 곧바로 해당 분야에 정통한 회사 안팎의 전문가에게 조언을 구하자. 때로는 단번에 문제 해결의 실마리를 찾을 수도 있다. 그런 **전문**

가가 곁에 있다면 전혀 모르는 분야라도 과감하게 도전해 볼 용기가 생긴다.

물론 주변에 그렇게 물어볼 만한 사람이 없을 수도 있다. 앞서 내가 '잡담'과 '상담'의 중요성을 강조했던 것을 상기해 보자. 평소 많은 사람들과 교류하며 관계를 만들어두는 자세가 중요하다.

나는 소니에 근무할 당시, 전 세계에 흩어져 있는 수백 명 규모의 개발팀을 관리하면서 매일 여러 사람과 다양한 이야기를 나누었다. 한 사람당 10분 정도 시간을 내서 '지금까지 해온 일', '현재 담당하는 일', '앞으로 하고 싶은 일'이라는 세 가지 질문을 던지고 듣기만 했을 뿐이지만, 지금 돌이켜 보면 그때의 대화가 매우 유익했다.

특히 '앞으로 하고 싶은 일'에 대한 답변이 중요했다. **뛰어난 엔지니어가 관심을 갖고 일하려는 분야는 기술적으로 미래에 중요한 영역일 가능성이 크다.** 듣는 입장에서도 새로운 지식을 얻고 개발에 대한 영감을 얻는 계기가 된다. 또한 나중에 프로젝트에서 해당 분야가 중요해졌을 때 관심을 보였던 팀원에게 관련 역할을 맡기거나 협력할 기회를 만들 수도 있다.

물론 이는 관리자에게 해당하는 방식일 수 있다(따라서 현재 관리직이거나 앞으로 관리직을 목표로 한다면 꼭 시도해 보길 권한다). 하지만 관리자가 아니더라도 평소 동료들과 꾸준히 잡담을 나누는 일은 중요하다. **누구나 흥미로운 아이디어를 남몰래 구상하거나 개인적으로 공부하는 경우가 있는데, 이런 내용은 공식적인 회의 자리에서는 좀처럼 드러나지 않는다.** 잡담은 이렇게 각자의 숨겨진 생각과 가능성을 발견하는 좋은 기회가 된다.

요즘에는 스터디 그룹에 참여하거나 SNS 활동 등을 통해 관심사가 비슷한 사람들과 교류할 수 있는 기반이 잘 마련되어 있다. 이렇게 만난 사람들이 관심을 두는 분야나 그들과 나누는 정보는 당신의 업무에도 분명 도움이 될 것이다. 스타트업이라면 다른 회사와 적극적으로 교류하고 협력하면서 새로운 결과물을 만들어내는 것도 좋은 방법이다.

새로운 분야에 도전할 때 흔히 외부에서 전문가를 스카우트하는 방법을 먼저 생각한다. 하지만 채용에는 보통 몇 개월 이상의 시간이 걸린다. 그보다는 내부에서 잠재력과 센스가 있는 인재를 확보하고, 그들이 다양한 경험을 통해 각자 잘하는 분야를 넓혀가도록 지원하는 방식을 더욱 추천하고 싶다.

다른 회사의 자원과
기술을 조합하여 성공을 모색하자 ──────

언젠가부터 '오픈 이노베이션(Open Innovation)'이라는 단어를 비즈니스 현장에서 자주 들을 수 있다. 보통 새롭고 성공적인 제품이나 서비스를 만들기 위해 외부 기업이나 지방자치단체 등과 협력하는 방식을 의미한다.

하지만 오픈 이노베이션의 본질은 단순히 외부 기술을 적극적으로 활용한다는 좁은 의미에만 국한되지 않는다. **나는 이를 회사 내외부의 아이디어와 자원을 결합하여 개별 조직 혼자서는 실현할 수 없었던 새로운 가치, 사업, 나아가 산업을 창출하는 활동이라고 더 넓게 해석한다.**

과거 일본 기업의 개발 역사는 곧 원천 기술 개발의 역사와도 같았다. 회사 또는 그룹 내부에서 하드웨어, 소프트웨어, 인재까지 모든 것을 자체적으로 해결하고자 했다. 이러한 방식은 자동차 산업을 중심으로 한때 성공 모델로 자리 잡았지만, 시대가 변하면서 제품과 서비스의 구조는 점점 더 복잡해졌다. 그 결과 자체 개발만으로는 발전 속도를 따라가기 어려워졌고 외부와의 긴밀한 협력이 필요해졌다.

오픈 이노베이션 시대에는 그 어느 때보다 상상력이 중요하다. 회사 안팎의 다양한 콘텐츠, 기술, 아이디어 등을 조합하여 무엇을 새롭게 만들어낼 수 있을지 상상하는 힘이다. 여러 요소를 조합하여 만들 수 있는 새로운 제품이나 서비스를 머릿속에서 먼저 그려보고 구체화하는 것, 즉 머릿속에서의 개발('뇌내 개발') 능력이 중요해졌다. 현재로서는 오직 인간만이 할 수 있는 영역이다.

지금의 인공지능 수준으로는 수많은 기술과 아이디어를 무작위로 조합하여 최적의 해답을 찾아내기는 어렵다. **결국 무언가를 만드는 사람은 자기 경험을 바탕으로 한 상상력과 아이디어에 의존할 수밖에 없다.**

과학에서 비즈니스로 나아가려면

최근 '테크 기업'이라는 개념 자체가 사라질 것이라는 이야기를 자주 듣는다. 가까운 미래에는 모든 분야의 기업이 당연하게 기술을 활용하게 되니 테크 기업이라는 분류가 무의미해진다는 주장이다. 기술을 기업 활동의 중심으로 받아들이는 것이 일반적으로 자리 잡는다는 뜻이기도 하다.

이미 첨단 기술 없이는 새로운 제품이나 서비스를 개발하기 어려운 시대이다. 대학 연구실에서 시작된 스타트업에도 많은 관심이 쏠린다. 일본 경제를 다시 살릴 기폭제로서 다양한 첨단 기술에 큰 기대가 모이고 있다.

현재의 테크 기업이든, 미래의 모든 기업이든, 성공적인 비즈니스를 위한 핵심 요소로 과학(Science)과 엔지니어링(Engineering)을 빼놓을 수 없다. 과학적 성과 중 하나로는 학술 논문을 들 수 있다. 학술 논문은 대개 특정 조건을 설정하고, 조건에서 성립하는 사실이나 논리를 증명한다. 따라서 전제 조건이 바뀌거나 현실의 다양한 변수가 개입되면 논문에서 증명된 내용이 그대로 적용된다고 보장할 수 없다.

이 때문에 논문을 통해 특정 가설이 증명되어도 곧바로 성공적인 비즈니스로 이어지기는 어렵다. 과학 이론상으로는 가능해 보이지만 실제 비즈니스로 구현되지 못하는 경우도 많은데, 많은 기업이 이러한 '과학과 비즈니스 사이의 간극'이라는 함정에 빠지기 쉽다.

연구실에서 신약 후보 물질을 개발했다고 해서 즉시 상용화하기는 힘든 것과 같다. 인체에 대한 안전성은 충분한지, 안정적으로 대량 생산할 체계를 갖출 수 있는지, 어떤 유통망을 통해 공급할지 등 실제 비즈니스로 발전하려면 화학 공식에는 나타나지 않는 수많은 현실적인 변수를 해결해야 한다. 이때 바로 엔지니어링이 필요하다.

엔지니어링은 다양한 실제 상황을 가정하여 안전성을 확보하고, 일관된 성능을 보장하는 역할을 한다. 엔지니어링은 과학적 발견이 현실 세계의 다양한 조건 속에서도 제대로 작동하고 가치를 창출할 수 있도록 구현하는 과정이다.

과학과 비즈니스 사이에는 엔지니어링이라는 크고 넓은 바다가 있다. 때로는 거친 파도가 치는 엔지니어링의 바다를 성공적으로 건너야만 과학에서 일군 성과가 실질적인 비즈니스로 이어질 수 있다.

껍데기만 남은 규칙이나
과거 성공 방식은 일부러 부순다

세상은 늘 변화한다. 누구나 이 사실을 머리로는 이해한다. **하지만 많은 회사에서는 일단 규칙을 정하면 어떤 상황에서도 그것을 지키려고 한다.** 심지어 원래는 목적을 달성하기 위해 규칙을 만들었지만, 시간이 지나면 규칙 자체를 지키는 것이 목적이 되는 경향마저 나타난다. 불필요한 회사 내 규칙이 너무 많아진 탓에 누군가 이를 벗어나려 하면 강하게 반발하는 일도 일어난다.

특히 과거에 큰 성공을 거둔 경험이 있으면 기존 방식을 그대로 따르려 하거나 혹은 반대로 새로운 시도를 하려고 할 때 내부적으로 큰 저항에 부딪히기도 한다. 이미 조직 내에 굳어버린 행동 양식이나 기획 방식, 각종 규정 등도 변화를 가로막는 요인이 된다.

그러나 새로운 가치를 만들기 위해서는 의도적으로 기존의 규칙을 깨야 할 때도 분명히 있다.

과거 플레이스테이션 개발팀에서 내가 자주 했던 말이 있다. '다른 회사의 새로운 비즈니스 모델 때문에 무너지느니, 차라리 우리 스스로 기존의 관습을 깨는 편이 낫다.'

'타사 때문에 무너진다'는 뜻은 경쟁사의 공격적인 전략으로 인해 시장에서 밀려나는 상황을 의미한다. 그런 상황에 부닥칠 가능성이 조금이라도 보인다면 차라리 **스스로 기존의 성공 모델을 파괴하고 다음 단계로 넘어가는 편**이 중장기적으로는 더 유리하다는 생각이다.

지금까지의 방식을 그대로 반복하다가 시대가 변해서 더 이상 통하지 않게 되었을 때는 이미 손쓸 방법이 없는 경우도 많다. 이미 효용을 다한 과거 모델에 모든 자원이 투입된 상태이고, 새로운 방식을 시도하고 싶어도 관련 노하우나 경험이 있는 인력을 키우지 못했기 때문이다. 설령 새로운 비즈니스 모델로 전환하려 해도 조직 내에 모델을 이해하는 사람조차 없을 수도 있다.

처음에 규칙과 프로세스를 만들었던 사람들은 그것이 왜 필요한지를 명확히 이해했다. 그리고 특정 조건이 변하면 다른 규칙을 적용해야 한다고 생각했을 것이다. 하지만 시간이 흐르다 보면 그다음 세대는 왜 그런 규칙이 만들어졌는지 배경과 이유를 이해하지 못하기도 한다. 세월이 흐를수록 이런 경향은 더 심해진다. 오랫동안 성공적으로 작동한 방식을 깨트리는 데는 용기가 필요한데, 규칙과 방식이 왜 필요했는지를 모르면 깨뜨릴 엄두조차 내지 못한다.

> **칼럼 1**
> **오픈소스는 '무료'라는 환상에서 벗어나야 한다**

요즘 협업 도구나 개발 과정에서 오픈소스 소프트웨어(OSS, open-source software)를 활용하는 경우가 많다. 오픈소스는 말 그대로 누구나 무료로 사용할 수 있도록 소스 코드가 공개된 소프트웨어다. 원하는 사람들이 자유롭게 소스 코드에 접근하여 이용, 수정, 재배포(상업적 이용 포함) 등을 할 수 있도록 개방되어 있어 '오픈소스'라고 불린다. 많은 이들에게 친숙한 예는 웹사이트 제작 도구인 '워드프레스(WordPress)'가 있다. 라이선스 규정에 따라 차이는 있지만, 고품질의 소스 코드를 자유롭게 가져와서 자사 제품 개발에 활용할 수 있다는 점이 큰 매력이다.

오픈소스 생태계의 발전은 때로 기업 간의 경쟁력 강화로 이어진다. **오픈소스를 제대로 활용하려면 숙련된 엔지니어가 꼭 필요하기 때문이다.** 뛰어난 엔지니어를 확보한 기업은 오픈소스를 활용한 제품이나 서비스를 남보다 빠르게 개발하여 시장에 선보일 수 있다. 이런 이유로 많은 대기업이 우수한 엔지니어를 오픈소스 프로젝트에 참여시킨다. 오픈소스 커뮤니티에서는 항상 다양한 방식으로 기술적 논의가 활발하게 이루어진다.

버그(Bug, 프로그램의 오류) 수정을 예로 들면, 사용자가 문제를 제기했을 때 커뮤니티 구성원들은 함께 해결 방안을 논의하고 어떻게 기능을 개선하면 좋을지 각자 아이디어를 더하며 끊임없이 개선해 나간다. **또한 오**

픈소스 코드에 직접 기여하는 핵심 개발자인 '커미터(Committer)'를 많이 보유한 회사는 그렇지 않은 기업에 비해 커뮤니티 내에서 더욱 큰 영향력과 인지도를 얻게 된다. 이는 다시 더욱 우수한 엔지니어를 끌어들이는 선순환으로 이어져 조직 전체의 기술력을 높이는 효과를 낳는다.

물론 유능한 엔지니어를 고용하려면 상당한 비용이 든다. 특히 세계적인 수준의 엔지니어는 프로 스포츠 선수에 버금가는 대우를 받는 경우도 많다. 오픈소스 프로젝트는 이러한 최고 수준의 인재들이 기술적인 도전을 추구하고 역량을 발휘하는 매력적인 환경을 제공함으로써 기업이 이들을 영입하고 유지하는 데 긍정적인 역할을 하기도 한다.

하지만 세상에는 수많은 오픈소스 소프트웨어가 존재하며, 상당수가 자발적인 참여에 기반하여 운영되기 때문에 부침을 겪기도 한다. 커뮤니티 구성원들이 아무리 적극적으로 개선 방안을 논의해도 해당 프로젝트가 반드시 계속 발전하리라는 보장은 없다.

만약 아무도 유지보수를 하지 않게 된 오픈소스에서 심각한 보안 문제가 발견되더라도 커뮤니티는 이에 대해 책임지지 않으며 해결해 주지 않는다. 이럴 때 해당 오픈소스를 사용하는 기업은 자체적으로 보안 문제를 해결해야 하는데, 이는 종종 오픈소스를 활용함으로써 얻는 이점 자체를 무의미하게 만들 수도 있다. 오픈소스라고 해서 무조건 안전하거나 평생 무료인 것은 아니며, 관리가 부실하면 오히려 더 큰 위험을 초래할 수도 있다.

소프트웨어 개발 및 운영 관점에서는 당연한 내용이지만 의외로 이러한 위험성은 잘 알려지지 않았다. 어느 회사에서 유료 소프트웨어 도입을 검토할 때 비용 절감을 위해 혹시 오픈소스로 대체할 수는 없는지 묻는 일도 드물지 않은데, 여기에는 잠재적인 위험이 따를 수 있다는 사실을 반드시 인지해야 한다.

  오픈소스 소프트웨어 자체는 무료일지 몰라도, 이를 활용하여 안정적이고 경쟁력 있는 제품이나 서비스를 운영하려면 상당한 기술적 노력과 지속적인 투자가 필수적이다. 그 과정에는 분명한 책임과 위험이 동반된다는 현실을 알아야 한다.

AI가 있는 미래를
다양하게 상상하는 사람이 앞서 나간다

AI를 서비스 이용자의 관점에서 바라보면 지금까지는 생각하지 못했던 새로운 세상이 보인다. **이러한 미래상을 구체적이고 다채롭게 상상하는 사람이 다음 시대를 이끌 제품이나 서비스를 만들 가능성이 크다.**

몇 가지 분야를 예시로 살펴보며 AI가 함께할 미래의 모습을 간략하게 그려보자. 먼저 AI는 건강 관리 방식을 크게 변화시킬 수 있다. 그중에서도 의료는 AI의 논리적 판단 능력을 효과적으로 발휘할 수 있는 분야다. 이미 의료 영상 진단에서는 AI가 눈부신 활약을 펼치고 있다. 앞으로는 중증 질환의 예방 및 치료에도 AI 활용이 확대될 것으로 기대되며, 특히 신약 개발 영역에서는 큰 변화가 예상된다.

지금까지 약물 치료는 대부분 평균적인 증상이나 환자 통계를 바탕으로 이루어졌다. 처방되는 약의 용량도 통계 데이터에 기반하여 적정량을 결정하는 방식이 일반적이었다. 예를 들면 성인 3알, 어린이 1알 같은 식이었다. 하지만 앞으로는 AI의 도움을 받아 환자 개개인의 상태와 상황을 훨씬 더 정밀하게 파악하고 그에 맞춰 최적화된 치료법을 적용하게 된다. 즉,

개인 맞춤형 의료가 실현된다.

사람은 키나 몸무게뿐 아니라 유전 정보나 장내 미생물 환경 등이 모두 다르며, 일상적인 생활 습관이나 식습관도 각기 다르다. 기존 기술로는 이러한 개인차를 모두 반영하기 어려웠지만, 사람마다 최적화된 치료를 제공하는 것은 매우 합리적이며 앞으로 나아가야 할 방향임이 분명하다.

이미 체내 외 신호에 반응하여 약효를 조절하거나 작용 방식을 바꾸는 스마트 약물 연구도 활발히 진행 중이다. 약물 자체가 마치 지능이 있는 것처럼 체내에서 자율적으로 판단하고 작용하는 방식이다. 로봇뿐 아니라 약까지 지성을 갖추고 스스로 치료하는 공상 과학 같은 세상이 점차 현실로 다가오고 있다. 이러한 변화는 아주 먼 미래의 이야기가 아니라 불과 몇 년 안에 우리 곁에 다가올 가능성이 매우 크다.

3D 프린터로
비행기 부품에서 배양육까지

지금으로부터 10여 년 전, 3D 프린터로 만든 권총을 소지한 대학교 직원이 체포되는 사건이 발생해 사회에 큰 충격을 주었다. 일부 보도에서는 총기 전체를 3D 프린터로 제작한 것은 아니라고 했지만, 압수된 5정 중 2정은 실제 살상 능력이 있는 수준으로 확인되었다. 이전까지는 암암리에 불법적으로 유통되던 권총을 평범한 일반인이 비교적 간단히 만들 수 있다는 사실 자체만으로도 놀라운 일이었다.

3D 프린터의 기본 원리는 비교적 간단하다. 3D CAD 도구로 설계한 입체 모델 데이터를 기반으로 아주 얇은 단면 데이터를 만든다. 이를 바탕으로 재료(주로 플라스틱 수지 등)를 한 층씩 쌓아 올리면서 입체적인 물체를 만든다. 재료를 굳히는 방식으로는 자외선 같은 빛을 이용하거나 열로 녹여 층을 결합하거나 접착제를 분사하는 등 다양한 방법이 있다.

깎아서 만드는 방식으로는 구현하기 어려운 형태, 예를 들면 속이 비어있거나 복잡한 내부 구조를 가진 물체도 만들 수 있다는 점이 3D 프린팅의 큰 특징이다. 또한 제작자의 숙련도에 의존하지 않고 설계 데이터만 있으면 같은 결과물을 반복해서 만들 수 있어 시제품 제작 등에 매우 유용하다는 점이 초기에 큰 주목을 받았다. 3차원 물체가 층층이 쌓이며 형태를 갖춰가는 모습은 그 자체로 보는 재미도 있다.

한때 3D 프린터는 주로 개인의 취미 활동이나 시제품 제작용으로 쓰였다. 초기 모델들은 정밀도가 그다지 높지 않아 산업용 부품이나 최종 소비재 생산에는 부적합하다는 인식이 강했다. 하지만 최근에는 프린팅 장비와 관련 소프트웨어 기술이 크게 발전하며 산업 현장에서 3D 프린터를 적극적으로 활용하는 기업이 늘고 있다.

항공우주 분야에서는 보잉, 에어버스, 스페이스X, 미 항공우주국(NASA) 등이 3D 프린터로 제작한 부품을 실제 비행기나 우주선에 사용하고 있다고 한다. 자동차 회사인 포드는 3D 프린터와 자동 운송 로봇을 결합하여 고객 맞춤형 자동차 부품을 자동으로 생산하는 시스템을 구축했다.

3D 프린터는 공업용 부품뿐 아니라 미래 식량 기술로 주목받는 배양육 제조에도 활용될 가능성이 있다. 우선 가축에서 소량의 원시 세포를 채취하여 배양액에 넣고 키운다. 이렇게 키운 세포를 바이오리액터(Bioreactor)라는 장치에서 대량으로 증식시킨 후, 3D 프린팅 기술을 통해 세포를 3차원 구조로 쌓아 올려 실제 고기와 유사한 형태와 식감을 재현하는 방식이다.

만약 맛, 지방 분포, 식감 등 고기의 특성을 데이터화하여 조절할 수 있게 된다면 3D 프린터를 이용해 원하는 형태와 맛의 배양육을 어디서든 자유롭게 '인쇄'하는 시대가 올 수도 있다. 3D 프린터에는 장차 인구가 증가하면서 떠오르는 식량 부족 문제나 환경 부담을 획기적으로 줄일 수 있는 잠재력이 있다.

3D 프린터 기술의 중요한 의의 중 하나는 '**누구나 제조자가 될 수 있다**'는 가능성을 열어준다는 사실이다. 요즘에는 공유 작업 공간 등에 3D 프린터나 레이저 커터 같은 장비가 설치된 곳도 심심찮게 볼 수 있다.

우선 3D 프린터를 직접 사용해 보면서 새로운 비즈니스 모델이나 기존과는 다른 제조 방식을 탐색해 보는 건 어떨까. 비교적 쉽고 저렴하게 다양한 시도가 가능한 3D 프린터는 만드는 사람에게 강력한 도구가 될 수 있다.

네트워크는 이제 구시대의 유물이다

5G(제5세대 이동통신 시스템)는 2020년에 상용화되었다. 이는 무선 통신의 국제 표준 규격으로, 이미 그 편리함을 경험하고 있는 사람도 많다. 단순히 통신 속도가 빨라진 것 아니냐고 느끼는 사람도 적지 않겠지만 통신 규격의 세대 변화는 편리함의 차원을 바꾸어 놓는다. 통신 규격은 약 10년 주기로 세대교체가 이루어지는데, 세대가 바뀔 때마다 통신 속도는 비약적으로 빨라지고 전송할 수 있는 데이터의 양도 크게 늘어난다.

5G의 경우 이론적으로 4G에 비해 속도는 최대 100배, 처리

용량은 1,000배에 달한다. 2시간 분량의 영화를 내려받는 데 4G 환경에서 몇 분이 걸렸다면, 5G 환경에서는 단 몇 초면 충분하다.

5G의 특징을 기존 모바일 통신망과 비교하여 좀 더 정확히 설명하자면 크게 세 가지 측면에서 혁신적인 변화가 일어난다.

- **초저지연(Ultra-Low Latency):** 데이터 전송 지연 시간이 거의 느껴지지 않을 만큼 극도로 짧아진다.
- **초고속/광대역(Enhanced Mobile Broadband):** 4K/8K 영상 같은 초고화질 대용량 데이터를 원활하게 주고받을 수 있다.
- **초연결(Massive Machine Type Communications):** 훨씬 더 많은 단말기나 사물인터넷(IoT) 기기를 동시에 네트워크에 연결할 수 있다.

'초저지연'은 연결된 대상이 마치 바로 곁에 있는 것처럼 느끼게 한다. 예를 들어 영상 통화를 할 때 화면이나 소리가 끊기는 일 없이 실시간으로 자연스럽게 대화할 수 있다. '초고속/광대역'은 연결된 곳의 모습이나 정보를 현실처럼 생생하게 전달받을 수 있다. 그리고 '초연결'은 5G 네트워크를 통해 거의 무한에 가까운 기기들이 서로 신호를 주고받으며 상호

작용할 수 있는 기반을 마련한다.

즉, '**초저지연**', '**초고속/광대역**', '**초연결**'이 완전히 구현되는 세상에서는 인터넷을 통해 연결된 모든 것이 시공간의 제약 없이 마치 우리 바로 옆에 존재하는 듯한 경험을 하게 될 수 있다.

지금까지의 4G 시대에서는 통신이 때때로 불안정하거나 느려지는 등 연결 상태가 완벽하지 않아서 사용자들은 항상 네트워크의 존재를 신경 써야 했다. 하지만 앞으로 5G 이후의 시대엔 사람과 콘텐츠, 서비스 간의 관계에서 네트워크 자체는 점점 더 뒤편으로 사라져 그 존재를 의식하지 않게 될 것이다.

그리고 이는 **지금까지와는 전혀 다른, 완전히 새로운 형태의 콘텐츠와 서비스의 탄생**을 예고한다.

5G가 열어갈 미래의 다양한 가능성

이제 5G가 만들어갈 미래의 구체적인 모습들을 상상해 보자.

먼저 멀리 떨어져 사는 부모님과의 관계도 앞으로 크게 달라질지 모른다. 5G의 '초저지연', '초고속/광대역' 특성을 활용하여 부모님 댁과 자녀의 집을 고화질 영상으로 항상 연결해 둔다면, 마치 한집에 사는 듯한 '원격 동거'라는 새로운 생활

방식이 가능할 수도 있다.

미국 반도체 기업 퀄컴(Qualcomm)의 자료에 따르면, 2035년까지 5G 기술이 창출할 경제적 가치는 전 세계적으로 1조 달러를 넘어선다고 추정된다.

초저지연 통신이 보편화된 사회에서는 고화질 카메라와 정밀 로봇을 결합한 원격 수술도 현실이 된다. 그렇게 되면 특정 분야에 뛰어난 의사가 지리적 제약 없이 더 많은 환자를 치료할 수 있다. 또한 지구 반대편의 학생들과 실시간으로 소통하는 원격 교육 역시 일상적인 풍경으로 다가온다. 실시간 통역 기술까지 결합하면 특정 언어만 구사하더라도 온라인 회의나 수업에서 전 세계 사람들과 모국어로 자유롭게 소통할 수 있게 된다.

자율주행 기술의 발전 역시 초저지연 통신에 상당 부분 의존한다. 차량이 주행하는 동안 주변 환경 데이터를 끊임없이 수집하고 분석하여 즉각적으로 반응해야 하기 때문이다.

여기서 언급한 사례는 더 이상 머나먼 미래의 꿈이 아니라 이미 상용화를 목표로 활발히 연구 개발이 진행 중이다. 5G 기술을 기반으로, 과거 SF 영화에서나 볼 수 있던 완전히 새로운 세계가 이제 새로운 도전 무대로 떠오르고 있다.

5G는 엔터테인먼트 산업에 완전히 다른 모습을 가져온다

앞서 설명한 '초저지연', '초고속/광대역', '초연결'이라는 5G 네트워크의 특징이 가져올 변화를 좀 더 구체적으로 살펴보자.

5G는 특히 엔터테인먼트 콘텐츠에서 엄청난 진화를 불러온다. 최근 게임 분야에서는 클라우드 게이밍(Cloud Gaming)이 점차 보편화되고 있다. 이는 사용자가 게임 프로그램을 자신의 기기에 설치하거나 내려받을 필요 없이 인터넷에 접속하기만 해도 언제든 간편하게 고사양 게임을 즉시 즐길 수 있게 하는 서비스다.

클라우드 게이밍은 5G의 **초저지연** 성능 덕분에 가능해졌다. 게임 서버와 사용자 기기 간의 데이터 전송 지연 시간을 최소한으로 줄인 덕분에, 사용자는 마치 게임이 자신의 기기에서 직접 실행되는 것처럼 쾌적하고 끊김이 없는 플레이를 경험할 수 있다. 게임 연산과 화면 생성(렌더링Rendering)은 고성능 서버에서 처리하고, 그 결괏값인 영상을 실시간 스트리밍으로 사용자 기기(스마트폰, 태블릿, 게임기 등)에 전송하여 보여주는 방식이 그 구체적인 사례다.

5G의 초고속 및 광대역 특성 덕분에 여러 개의 고화질 영상

이나 대용량 데이터를 동시에 주고받는 것도 가능하다. 이를 통해 혁신적인 스포츠 중계나 실감 나는 영상 교육 콘텐츠 등 새로운 플랫폼과 애플리케이션의 등장도 기대할 수 있다.

예컨대 기존 스포츠 중계에서는 경기장에 여러 대의 카메라가 있어도 방송사가 선택하고 편집한 화면만을 시청자에게 일방적으로 송출했다. **하지만 5G 환경에서는 기술적으로 경기장 내 모든 카메라의 영상을 동시에 전송할 수 있다. 이를 통해 시청자가 직접 원하는 카메라 앵글을 선택하거나 다양한 각도의 영상을 조합하여 시청하는 새로운 경험도 가능하다.** 실제로 이미 일부 야구장 등에서는 수십 대의 카메라를 설치하여 시청자가 원하는 시점의 영상을 자유롭게 선택해 볼 수 있는 서비스가 시범적으로 도입되고 있다. 더 나아가 시청자가 갖고 있는 고성능 기기를 활용하여 여러 카메라 영상을 실시간으로 조합하고 자신이 원하는 가상의 시점에서 경기를 재구성하여 볼 수도 있다.

또한 5G의 초연결 특성은 수많은 사용자가 동시에 접속하는 게임 플레이 환경을 획기적으로 개선한다. 경기장이나 공연장처럼 한정된 공간에 사람이 가득 모인 상태에서도 레이싱이나 FPS 게임처럼 지연에 극도로 민감한 게임을 끊기지 않고 함께 즐길 수 있다. 이미 e스포츠 분야에서는 이러한 대규모 다중 접속 환경을 기반으로 한 글로벌 대회가 활발히 열리고 있으며, 5G는 이 분야의 발전을 더욱 빠르게 이끌 잠재력을 지니고 있다.

이처럼 게임 및 엔터테인먼트 분야만 보더라도 5G 기술은 우리가 콘텐츠를 경험하는 방식을 근본적으로 바꿀 것이며 이전과는 전혀 다른 풍경을 만들어낼 것이다. 당신이 활동하는 분야에서는 5G가 어떤 미래를 가져올지 생각해 보길 바란다.

로봇이 동료가 되는 날

머지않아 로봇이 우리 옆자리의 직장 동료가 될지도 모른다. 심지어 회사 대표를 제외한 모든 업무를 AI가 운영하는 조직이 탄생할 가능성마저 거론된다.

로봇은 이미 일상의 곳곳에 스며들었다. 식당에서 서빙 로봇이 음식을 운반하는 모습은 더 이상 낯설지 않다. 공장 생산 라인에서는 훨씬 이전부터 제조용 로봇이 활약했다. 공정의 일부는 사람이, 다른 일부는 로봇이 담당하여 최종 제품을 함께 만들어낸다. 이렇게 보면 로봇은 이미 우리의 동료라 할 수 있다.

로봇을 적으로 볼 것인가, 동료로 볼 것인가는 관점에 따라 다르다. 로봇 때문에 어떤 일자리가 사라질지에 대한 논쟁은 지금도 뜨겁지만, 사실 오래전부터 기계가 사람의 일을 빼앗아 갈 것이라는 우려는 있었다.

미국에서 전화 서비스가 처음 시작되었을 당시만 해도 모든 통화는 교환원이 직접 연결했다. 주로 여성이 이 역할을 맡았는데, 전화 사용량이 폭발적으로 증가하자 미국의 모든 여성이 교환원으로 일한다 해도 수요를 감당하기 어렵다는 예측까지 나올 정도였다.

하지만 자동 교환기가 발명되면서 사람(교환원)을 거치지 않고도 전화를 연결할 수 있게 되었다. 그 결과 국제전화 교환 등 일부 특수한 경우를 제외하고 교환원의 역할은 대부분 사라졌다. 이를 두고 교환기가 사람의 일자리를 빼앗았다고 볼 수도 있지만, 다른 한편으로는 자동화 기술 덕분에 심각한 인력 부족 문제를 해결했다고도 볼 수 있다.

산업의 역사를 돌아보면 특정 일자리가 사라지더라도 사회 전체적으로는 새로운 형태의 고용이 창출되었다. 1980년대 들어 기업에 컴퓨터가 보급되면서 생산성은 크게 향상되었지만, 타자수나 문서 정리 담당자의 일자리는 줄어들었다. 그 대신 소프트웨어 개발자와 같은 새로운 직업이 등장했다. 역사가 반복

된다면 AI와 로봇이 발전함에 따라 단기적으로 특정 직업이 사라지더라도 크게 비관할 필요는 없을지 모른다. 다만 최근 AI의 발전 속도와 잠재력을 고려할 때 그 영향력은 과거 기계화 때보다 훨씬 더 광범위한 직종에 미칠 가능성이 크다.

이러한 변화에 대한 우려 속에서 빌 게이츠를 비롯한 일부 인사들은 '로봇세' 도입을 주장하기도 한다. 로봇이 사람의 일을 대체하여 장기적으로는 더 적은 비용으로 가치를 생산하게 되면 세금을 내는 사람들이 줄어들지도 모른다. 로봇세를 도입하면 거기서 얻은 세금 수입으로 인간 노동자의 세수 감소분을 보충하는 동시에 일자리를 대체하는 자동화의 속도를 조절하는 효과를 기대할 수 있다는 논리다. 이 논리엔 오늘날 밀려오는 로봇과 AI의 물결은 과거의 기계화와는 본질적으로 다르다는 인식이 깔려있다. (여기서 '로봇'의 정의에 대한 복잡한 논의는 일단 접어두자.)

만약 로봇이 인간처럼 복잡한 가치 판단까지 할 수 있게 된다면 정치인의 역할까지 로봇이 대신할지도 모른다는 예측 또한 가능하다. 정치인은 다양한 가치 판단에 기초하여 한정된 사회자원을 배분하는 역할을 하는데, 만약 AI가 합리적인 가치 판단 능력을 갖춘다면 의외로 쉽게 정치 영역을 대체할 수 있다는 주장이다. 로봇이 정치에 참여한다면 지금보다 더욱 합리적인 규칙을 통해 훨씬 더 풍요로운 사회를 만들 수 있을지도 모른다. 마치 SF 영화 속 이야기 같지만 오늘날 기술 발전 속도를 고려하면 결코 허황된 상상만은 아니다.

한편에서는 기술 발전이 이미 사람들의 일자리를 위협하고 있다고 비판하고, 또 다른 편에서는 로봇세 도입 같은 규제가 오히려 기술 혁신의 발목을 잡을 수 있다는 반론도 제기된다. 이처럼 기술은 우리 사회를 근본적으로 변화시키고 있으며 그 영향에 대한 논쟁은 계속될 것이다.

분명한 것은 기술의 진화는 멈추지 않을 것이며, 로봇과 AI가 사회의 핵심적인 임무를 수행하는 시대는 반드시 온다는 사실이다.

자율주행은 패러다임을 바꾼다

로봇만큼은 아닐지 몰라도 자율주행 기술 역시 우리의 삶을 크게 변화시킬 것이다. 그리고 라이프스타일의 변화는 필연적으로 새로운 비즈니스를 만들어낸다. 자율주행 시대에는 어떤 비즈니스 기회가 있을지 살펴보자.

자율주행은 아직 먼 미래의 기술처럼 느껴질 수도 있지만,

사실 이미 실용화 단계에 접어들었다. 일반적으로 자율주행 기술은 그 수준에 따라 5단계(레벨 1~5)로 구분한다. 레벨 1은 자동 긴급 제동처럼 운전자의 조작을 지원하는 수준이고, 레벨 2는 고속도로 주행 보조처럼 더욱 부분적인 자동화가 이루어지는 단계다. 레벨 1, 2까지는 어디까지나 운전하는 주체가 사람이다. 레벨 3부터는 특정 조건(미리 설정된 구간이나 환경)하에서는 시스템이 주행을 담당하지만, 시스템이 요청하면 운전자가 개입해야 하는 조건부 자율주행 단계로 넘어간다. 더 나아가 레벨 4는 특정 조건에서는 비상 상황이 발생해도 운전자의 개입 없이 시스템이 스스로 대처하는 고도 자율주행이며, 마지막 레벨 5는 어떤 조건에서도 운전자 없이 시스템이 모든 주행을 담당하는 완전 자율주행을 의미한다. 자동차 기술에 익숙하지 않은 사람들이 대부분 상상하는 자율주행은 아마 레벨 5에 가까울 것이다.

현재 기술의 상용화 수준은 대략 레벨 3과 레벨 4 사이에 있지만, 일부에서는 레벨 5에 근접한 기술도 등장하기 시작했다. 이미 고속도로 정체 구간에서 자동으로 운전하는 기능을 탑재한 자동차가 시판되고 있다. 레벨 4 수준에 도달하면 특정 구간에서는 운전자가 전혀 필요 없다. 악천후나 도로 위 돌발 상황(구급차 접근 등)에서도 사람이 아닌 시스템이 주행을 제어한다.

물론 아직은 고속도로와 같은 제한된 환경에서만 자율주행 기능이 활성화되고 있으며, 복잡한 도심 주행까지 완전 자율화되기에는 시간이 더 필요할 전망이다. 하지만 일본의 경우 2025년까지 레벨 4 자율주행차를 보급하는 것을 목표로 설정하기도 했다. 그만큼 완전 자율주행이 일상이 될 날도 그리 머지않았을지 모른다.

특히 레벨 4 기술이 보편화되면 운전면허가 없는 사람도 버스나 트럭 같은 특정 운송 차량을 운행할 수 있다는 가능성이 거론된다. 개인 승용차는 다를 수 있겠지만, 운전면허 유무와 관계없이 누구나 자동차를 지금보다 훨씬 더 가깝고 편리한 존재로 여기게 될 날이 곧 다가올 것은 분명하다.

자율주행이 당연한 세상에서 태어나는 비즈니스

자율주행이 당연한 시대가 되면 어떤 변화가 일어날까? 우선 운전의 개념 자체가 크게 달라진다. 자연히 차량 내부 공간을 어떻게 활용할지에 대한 고민이 중요해질 것이다. 운전에서 해방되므로 이동 중에 업무를 보거나, 차량 자체를 엔터테인먼트를 즐기는 공간으로 활용할 수도 있다. 예를 들어 골프를 치고 돌아오는 길에 일행들과 함께 자율주행차 안에서 뒤풀이를 즐기는 모습을 떠올려보자. 운전할 부담이 없으니 술도 마실 수 있고, 외부와 차단된 공간에서 노래방 기기를 이용할 수도 있을 것이다.

이러한 변화는 새로운 서비스 산업의 등장을 예고한다. 자율주행차로 이동 중인 사람들을 대상으로, 또 다른 자율주행 차량이 다가와 술과 안주를 판매하는 '움직이는 술집' 서비스는 어떨까. 혹은 장거리 이동 시 편의를 위해 화장실 시설을 갖춘 자율주행 차량도 생각해 볼 수 있다.

자율주행 기술은 생활 편의를 높이는 다양한 서비스에도 응용될 수 있다. 일본은 도쿄나 오사카 같은 대도시를 제외한 많은 지역에서 자동차 없이는 일상적으로 이동하기가 어렵다. 하지만 이런 지방 소도시나 농어촌 지역은 고령화가 심각한 탓에 노인들이 직접 운전하기 어려운 경우가 많다. 운전을 못 하면 상점에 가서 생필품을 구매하는 것조차 힘든 소위 '쇼핑난민' 문제가 발생한다. 심지어 수익성 악화로 버스나 전철 노선이 폐지되면서 대중 교통망마저 축소되는 추세다.

이처럼 이동 수단 확보가 어려운 지역에서는 레벨 4 수준인 '무인 운송 서비스(예: 자율주행 버스)'가 새로운 대안 교통수단으

로 큰 기대를 모으고 있다. 일본 정부는 2025년까지 일부 지방을 대상으로 이러한 무인 운송 서비스 실증 실험을 진행할 계획을 세우기도 했다.

하지만 집들이 띄엄띄엄 멀리 떨어져 있는 지역에서는 정해진 노선을 운행하는 무인 버스만으로는 한계가 있다. 이럴 때 자율주행차가 이용자의 문 앞까지 직접 찾아가는 방문형 서비스는 어떨까. 이동식 상점이나 행정 서비스 차량이 각 가정을 방문하여, 차내 모니터를 통해 원격 상담을 제공하고 물품 판매나 각종 행정 절차 처리까지 지원하는 방식이다.

인구 구조의 변화는 사회 시스템과 서비스에 대한 인식의 전환을 요구한다. 도시 지역에서도 몸이 불편한 사람들이 자율주행 차량을 집으로 호출하여 병원이나 상점 등에 쉽게 갈 수 있는 서비스가 활성화될 수 있다. 마치 자율주행 버전의 우버 같은 모습이다.

또한 지역과 관계없이 고령자 돌봄 서비스의 수요는 계속 증가할 것이다. 그럼에도 저출산 고령화 현상으로 인해 돌봄 서비스를 제공할 인력은 절대적으로 부족한 상황이 우리가 맞닥뜨린 현실이다. 앞으로 평소에는 집 안에 설치된 모니터를 통해 원격으로 건강 상태를 확인하고, 정기적으로 자율주행 차량이 순회하며 로봇 등을 이용해 건강을 점검하는 방식의 기술 기반 돌봄 서비스 수요가 점차 늘어날 것이다. 물론 지금도 일부 차량 호출 서비스나 배달 플랫폼에서 유사한 서비스를 제공하기도 하지만 기술의 발전은 그 역할을 더욱 확대할 수 있다.

　자율주행은 다가올 변화의 한 가지 예시에 불과하다. 앞서 살펴본 여러 사례처럼 다양한 분야에서 기술은 사회 문제를 해결하고 새로운 가능성을 열기 위해 끊임없이 발전하고 있다. 의료, 핵융합 실용화 등 어떤 분야든 미래 사회의 모습을 구체적으로 상상해 보는 과정에서 꿈을 현실로 만들기 위해 무엇이 필요한지 발견할 수 있다. 바로 그 지점에서 만드는 사람의 역할이 시작된다. 그렇기에 기술 발전이 가져올 패러다임의 전환 가능성을 항상 주시하고 대비해야 한다.

사물인터넷(IoT)이 세상을 바꾼다

오늘날 사물인터넷(IoT, Internet of Things)은 우리 삶을 편리하게 돕는 핵심 기술로 자리 잡았다. 스마트폰의 건강 관리 앱을 예로 들어보자. IoT 기술 덕분에 스마트 체중계는 사용자의 스마트폰과 연동되어 매일 자동으로 체중 데이터를 인터넷 서버로 전송하고, 사용자는 앱을 통해 자신의 체중 변화를 그래프로 쉽게 확인할 수 있다.

　이러한 시스템의 기본적인 구조는 다음과 같다. 먼저 카메라나 각종 센서 같은 기기(사물)가 주변 환경이나 사용자의 상태에 대한 데이터를 수집한다. 이 데이터는 네트워크를 통해 인터넷상의 서버 컴퓨터로 보내진다. 서버에서는 이 데이터를 분석하고 해석한 뒤 사용자에게 가치 있는 정보로 가공해 다시 제공한다.

　앞서 다룬 자율주행 기술 역시 IoT의 대표적인 응용 사례다. 자율주행차는 차량 곳곳에 부착된 카메라, 레이더, 라이다 등 수많은 센서를 통해 주변의 장애물, 다른 차량, 보행자 등을 실시간으로 감지한다. 이렇게 수집된 정보를 바탕으로 현재 상황을 인식하고 판단하며, 그 결과에 따라 핸들이나 브레이크 같은 조향 및 제동 장치를 자동으로 제어하여 차량을 움직인다.

　IoT 기술의 확산은 인간과 컴퓨터의 관계가 근본적으로 변화하는 모습을 보여준다. 과거에는 사람이 키보드나 마우스 같은 입력 장치를 통해 컴퓨터에 직접 명령을 내렸다. 하지만 IoT가 보편화된 세상에서는 사용자가 컴퓨터를 조작하는 행위 자체가 점점 중요하지 않게 된다. **대신 사용자가 걷고, 앉고, 말하는 등 일상 속 자연스러운 행동 자체가 컴퓨터 시스템에 정보를 입력하는 방식이 된다.**

앞으로는 의식적인 조작 대신 사람의 자연스러운 행동이나 상태가 컴퓨터와 상호작용하는 대화의 중심 수단이 된다. 물론 이러한 방식은 직접 명령을 내리는 것에 비해 때로는 불명확한 정보를 제공할 수 있다. 따라서 컴퓨터는 사람의 의도나 감정까지 깊숙이 이해할 수 있도록 점점 더 지능화된다. **사물인터넷 시대의 도래는, 사물들이 인터넷으로 연결되어 인간의 의도를 파악하고 상황에 맞게 반응하는 새로운 정보 처리 방식이 현실화되고 있다는 증거이기도 하다.**

사물인터넷 기술은 지금도 급속도로 발전하고 있다. (물론 가정마다 차이는 있겠지만) 우리 주변만 둘러봐도 인터넷에 연결된 기기의 수는 계속해서 늘어나고 있지 않은가. 과거 텔레비전과 비디오 리코더 시대(1970~1980년대)에는 텔레비전이나 라디오 같은 기기가 연간 100만 대 규모로 판매되며 인기 상품으로 등극했다. 이후 게임기 시대(1990~2000년대)에는 연간 1~2천만 대, 스마트폰 시대(2000~2010년대)에는 연간 1~2억 대 수준으로 기기 보급량이 급증했다. 이는 사람과 접점이 있는 스마트 기기의 보급 속도가 가파르게 빨라지고 있음을 의미한다.

이러한 기기들 내부에는 AI 기능을 갖춘 컴퓨터가 탑재되어 있어 기기와 연결된 센서로부터 얻은 정보를 직접 처리한다. 과거에는 사람이 직접 시간과 노력을 들여야 했던 많은 작업을 자동으로 대신 수행한다. 이것이 바로 오늘날 우리가 마주한 현실이다.

앞으로 이러한 추세는 더욱 가속화될 것이다. **현재보다 훨씬 많은 연간 수억 혹은 수십억 개의 새로운 기기가 네트워크에 연결되면서 모든 것이 연결된 인프라를 구축한 사회가 당연해질 것이다.** 이러한 흐름은 거스를 수 없다.

우리 주변의 센서 수는 계속 늘어나고 정보 처리 능력 또한 향상될 전망이다. 수많은 센서가 인간의 표정이나 목소리 톤까지 분석하여 감정 상태를 이해하려고 시도할 것이다. 옷에 부착된 센서를 통해 심박수나 체온 같은 생체 정보를 실시간으로 수집할 수도 있다.

이처럼 인간의 행동 배경이나 맥락, 즉 '컨텍스트(context)'를 IoT 기기들이 수집하고 분석하는 세상이 눈앞에 다가오고 있다. 기기들은 단순한 행동 정보뿐만 아니라 사람이 초조해하는지, 평온한지, 혹은 우울한지 같은 심리 상태까지 파악할 수 있게 될 것이다.

이렇게 수집된 컨텍스트 정보가 네트워크를 통해 컴퓨터로 전송되면 시스템은 사용자가 무엇을 하고 싶어 하는지, 혹은 무엇이 필요한지를 예측하여 다음 행동을 지원하는 맞춤형 정보를 제공할 수 있다. 어떤 관점에서는 사람이 해야 할 행동을 기술이 먼저 제안하거나 심지어 재촉하는 것처럼 느껴질 수도 있다.

이러한 변화를 부정적으로 보는 시각도 존재한다. 그러나 기술 발전이라는 시대적 흐름 앞에서 성역은 없다. 예술이나 도예와 같이 인간의 숙련된 기술과 감성이 중요한, 장인(匠人)의 전통적인 영역조차 변화의 대상이 될 수 있다.

훌륭한 예술 작품이나 장인의 공예품은 오랜 수련을 통해 축적된 경험과 지식을 바탕으로 탄생한다. 만약 이러한 명작들의 데이터를 대량으로 수집하여 AI가 학습하고, 그 안에서 공통적인 패턴 혹은 핵심 요소를 추출하거나 합성한다면 AI가 인간의 작품에 버금가는 결과물을 만들어낼 가능성도 있다.

프랑스의 작곡가 드뷔시(Debussy)는 "예술 작품은 규칙을 만들지만, 규칙은 예술 작품을 만들지 않는다."라고 말했다. 과거의 규칙이나 상식에 지나치게 얽매이다 보면 결국 쇠퇴로 이어질 수밖에 없다. 기존의 규칙을 무조건 지켜야 한다는 고정관념에서 벗어나 **새로운 기술을 어떻게 창의적으로 활용할 것인가**를 고민해야 할 때다.

제4장
철저하게 상상하면 만들 수 있다

'수파리'를 실행하자

'수파리(守破離)'라는 말을 들어 보았는가.

무술이나 예술 분야에서 흔히 사용되는 개념으로, 배움의 단계를 나타내는 말이다. 먼저 스승의 가르침이나 정해진 틀을 충실히 **'지키며(守, 수)'** 익히는 단계를 거친다. 다음으로 그 틀을 **'깨고(破, 파)'** 자신만의 새로운 방식을 시도하는 단계로 나아간다. 마지막으로 스승의 가르침이나 기존의 틀로부터 완전히 **'벗어나(離, 리)'** 독자적인 경지를 구축하는 것을 의미한다. 이는 무언가를 '만드는' 과정에서도 매우 중요한 원칙이다.

이 말의 유래에는 여러 설이 있지만, 일본 센고쿠 시대(戦国時代)에서 아즈치모모야마 시대(安土桃山時代)에 걸쳐 활동한 다인(茶人) 센노리큐(千利休)가 남긴 와카(和歌)[5] 구절, "규규작법(規矩作法), 즉 지키고 지키다 깨뜨리고 떠나도 그 근본을 잊지 말라."에서 비롯되었다는 설이 유력하다. 결국 무언가를 새롭게 만들려면 '기존의 틀에 얽매이지 않는 것'이 중요하다는 의미다.

2008년 무렵, 나는 소니의 창업 세대로부터 플레이스테이션 사업을 넘겨받으면서 이전 세대를 뛰어넘는 새로운 가치를 창조하는 것을 목표로 삼았다. 그리고 당시 경영진과 함께 바로 이 '수파리'의 정신을 공유했다.

게임 플랫폼은 보통 5~6년 주기로 완전한 모델 변경(풀 체인지, Full Change)이 이루어진다. 이때는 단순히 다음 모델만이 아니라 출시 후 최소 10년의 제품 수명을 내다보는 장기적인 안목이 필요하다. **10년 뒤에도 사용자의 니즈와 동떨어지지 않을 만한 사양과 비즈니스 모델을 구상해야 한다.**

그러기 위해서는 기존 모델의 장점과 핵심 가치를 계승하면서도 시대에 맞는 새로운 가치를 더해야 한다. 제품이나 서비스를 기획할 때면 당장의 유행이나 트렌드에 휘둘리기 쉽지

---

5 5·7·5·7·7의 31음으로 이루어진 일본 고유의 전통 시가 형식.

만, 그보다 먼저 제품이 처음 시작되었던 역사를 되돌아보고 **정체성을 명확히 정의하는 과정**이 필수적이다. 이것이 바로 '수파리' 중 '수(守)', 즉 기본을 지키는 단계에 해당한다. 부모를 넘어서려면 먼저 부모를 제대로 알아야 하는 것과 같다. 그래서 우리는 다음 모델('플레이스테이션 4') 개발에 앞서 플레이스테이션의 근본, '게임을 통해 사용자에게 즐거움을 준다'는 핵심 가치를 다시 한번 되새겼다.

플레이스테이션 사업을 담당했던 회사 '소니컴퓨터엔터테인먼트(SCE, 현 소니인터랙티브엔터테인먼트SIE)'의 사명에서 '컴퓨터 엔터테인먼트'는 직역하면 '계산기를 이용한 오락'이라는 뜻이다. 창업 멤버들은 **'여기는 컴퓨터로 노는 회사이니, 더 자유롭게 놀아라'**라는 말을 자주 했다. 우리는 이 정신을 이어받아 '사용자를 즐겁게 하고, 만드는 사람 역시 새로운 도전을 즐긴다'는 핵심은 반드시 지키기로 했다.

하지만 과거의 성공 방식을 지키는 것(守)만으로는 계속해서 세상을 즐겁게 할 수 없다. 사회가 변하면 사람들의 가치관과 요구도 변하기 마련이다. 따라서 기존의 틀을 깨고(破) 우리만의 새로운 방식을 통해 비즈니스를 재정의할 필요가 있었다.

이전까지 플레이스테이션 게임은 주로 디스크(광매체)를 구매하여 즐기는 방식이었다. 우리는 여기서 한발 더 나아가 네트워크를 통해 게임 콘텐츠를 즐길 수 있는 플랫폼을 구상했다. 때마침 당시 게임 산업은 큰 전환기를 맞고 있었다. 네트워크 기술이 비약적으로 발전하면서 온라인으로 콘텐츠를 유통하는 서비스가 막 시작되던 시기였다. 물론 업계 일각에서는 이러한 변화가 어디까지 확산될지에 대해 회의적인 시각도 존재했다.

하지만 우리는 사용자들이 네트워크를 통해 자연스럽게 게임을 즐기는 미래가 반드시 올 것이라고 확신했다. 이는 게임 산업의 비즈니스 모델 자체를 바꾸는 큰 변화였다. 변화에서 오는 가장 큰 차이점은 디스크 제작 및 유통 비용이 들지 않는다는 것이었고, 소프트웨어를 물리적인 상품으로 판매하지 않아도 되니 재고 관리 부담 또한 사라졌다는 점도 중요했다. 또한 과거에 디스크로 출시되었던 게임을 네트워크를 통해 제공함으로써 사용자가 일일이 구매하지 않고도 즐길 수 있는 월 정액 구독(Subscription) 서비스 등의 새로운 모델도 도입했다. **게임을 즐긴다는 본질은 같지만 게임을 제공하고 소비하는 방식, 즉 비즈니스 모델은 크게 달라졌다.**

그 결과 우리는 '플레이스테이션 4'를 출시하며 기존처럼 디스크 기반의 게임도 지원하는 동시에 전 세계적인 규모의 네트워크 게임 전송 인프라를 성공적으로 구축할 수 있었다. 네트워크를 통해 게임 콘텐츠를 직접 제공하고 구독 서비스 같은 새로운 구매 방식을 도입함으로써 ('플레이스테이션 3'에서 시작된) 콘텐츠 다운로드 판매를 넘어 플레이스테이션의 개념 자체를 성공적으로 재정의할 수 있었다. (이것이 '파(破)'와 '리(離)'의 단계에 해당한다.)

이렇게 구축된 새로운 플랫폼은 이후 플레이스테이션 온라인 사업의 견고한 초석이 되었으며, 현재 온라인 사업은 플레이스테이션 전체 매출에서 매우 중요한 부분을 차지할 정도로 크게 성장했다. 이는 개인의 판단이라기보다, '수파리(守破離)'라는 사고방식이 당시 조직 전체에 깊이 공유되고 실현된 결과라고 생각한다.

'고령화사회 일본'은 기회로 가득하다

일본 사회의 미래에 대해 답답함과 불안감을 느끼는 사람이 많다. 인구 감소와 고령화가 심화하면서 산업 발전에 활력이 보이지 않는다는 우려 때문이다. 하지만 나는 오히려 지금 일본만큼 새로운 비즈니스 기회가 많은 나라도 드물다고 생각한다. **해결해야 할 사회적 과제가 많다는 것은, 뒤집어 보면 그

만큼 새로운 기회가 많다는 의미이기 때문이다.

일본은 세계 어느 나라보다 먼저 초고령사회[6]에 진입했다. 이에 따라 연금, 의료, 노동력 부족 등 사회 시스템 전반에 걸쳐 여러 가지 문제가 발생할 것이 확실해졌다. 그런데 이러한 문제들은 비단 일본만의 이야기가 아니다. 유럽 여러 나라와 한국, 그리고 과거 한 자녀 정책의 영향으로 급격한 고령화를 겪게 될 중국 등 많은 나라가 머지않아 직면할 공통된 미래이기도 하다.

고령화사회를 가장 앞서 경험하는 일본이 현재 직면한 과제들을 성공적으로 해결한다면, 이는 앞으로 고령사회에 진입할 다른 나라들에 귀중한 해답을 제공하는 셈이다. 우수한 제품과 서비스, 사회 시스템을 먼저 개발하여 이를 다른 나라에 수출할 수도 있다.

노인은 일반적으로 신체 활동에 제약을 받으며, 기억력 등 인지 능력 저하를 겪기도 한다. 이러한 불편을 해소하기 위해 자율주행차나 신체 활동을 보조하는 웨어러블 로봇('입는 수트')

---

[6] 고령사회는 65세 이상 인구 비율이 전체의 14%를 넘는 사회이고, 초고령사회는 65세 이상 인구 비율이 20% 이상인 사회를 뜻한다. 한국은 2017년에 고령사회에 들어섰으며 2024년 12월 초고령사회에 진입했다.

등이 미래의 필수품이 될 가능성이 크다. 또한 가사 노동을 돕는 로봇, 노동 인구 감소를 메우는 산업용 로봇, 그리고 AI를 활용한 기억력 보조나 판단 지원 기능 등도 점차 당연한 기술로 자리 잡을 것이다.

일본은 국토 면적이 비교적 좁고 통신 인프라가 잘 갖추어져 있다는 이점도 있다. 이를 활용하여 자율주행차나 로봇 등을 클라우드 시스템과 유기적으로 연결하고 제어한다면 국가 전체를 하나의 효율적인 시스템으로 통합하는 데 오랜 시간이 걸리지 않을 수도 있다.

물론 다른 나라들도 고령화사회가 가져올 비즈니스 기회에 주목하고 있다. 하지만 일본의 가장 큰 강점은 문제를 직접 겪고 있는 당사자인 고령 인구가 매우 많다는 점이다. 나 역시 나이가 들면서 젊었을 때는 몰랐던 일상의 불편함을 자주 느낀다. 작은 글씨가 잘 보이지 않고, 몸을 움직여 이동하는 일 자체가 예전보다 훨씬 번거롭게 느껴진다. 이러한 불편함은 직접 그 상황에 처해봐야 비로소 절실하게 체감할 수 있다. 상대적으로 젊은 인구가 많은 사회에서는 이런 문제들이 아직 중요하게 다뤄지지 않을 수 있다.

일본 내에서는 이미 고령사회의 과제 해결을 고민하는 움직임이 많지만, 아직 사회 전체의 주류 담론으로 부상하지는

못했다. 고령화사회의 선두 주자라는 일본만의 독특한 상황과 경험을 적극적으로 활용하여 새로운 기회를 모색해 보는 것은 어떨까.

만들 수 있다면 나이는 숫자일 뿐이다

이 글을 읽는 독자 중에는 창업을 꿈꾸는 사람이 있을지도 모른다. 반면 세계적인 빅테크 기업 창업자들처럼 젊지 않으면 성공하기 어렵다고 생각하는 이들도 많을 것이다.

하지만 앞서 언급했듯이, 대부분의 선진국을 포함해 전 세계적으로 고령화가 빠르게 진행되고 있다. **이는 곧 '노화'를 직접 경험하는 사람들이 늘어나고 있다는 뜻으로, 이들은 앞으로 다가올 새로운 비즈니스 기회를 젊은 세대보다 더욱 직접적으로 느낄 수 있다.** 20대가 70대의 감각이나 불편함을 상상해 볼 수는 있겠지만 직접 그 처지가 되어보지 않고서는 마음 깊이 공감하기 어렵다. 20대 경영자가 80대 이후의 삶에서 어떤 것이 절실할지 명확히 이해하고 설명하기란 거의 불가능에 가깝다. 바로 여기에 새로운 기회가 있다.

젊은 세대만이 스타트업을 일으키고 혁신을 주도하는 시대

는 저물고 있다. 평균 수명이 늘어나면서 서비스를 사용하는 고객 역시 점점 나이가 들어간다. 이제 세대를 불문하고 누구나 새로운 사업 기회를 모색하고 도전할 수 있는 시대가 왔다고 해도 과언이 아니다.

오히려 나이가 들면 경험이 쌓이면서 섣부른 판단으로 인한 실패 확률이 낮아지기도 한다. 물론 체력이나 순발력은 젊을 때보다 떨어질지 몰라도 그 세월만큼 축적한 경험에서 비롯된 지혜와 통찰력은 깊어진다. 때로는 과거의 경험이 새로운 시도를 방해하는 '덫'이 될 때도 있지만, 누가 봐도 명백한 실수를 반복하거나 뻔한 함정에 빠질 위험은 줄어든다.

인생 100세 시대에는 정년퇴직 후 새로운 도전을 시작하는 창업 사례도 더욱 흔해질 것이다. 젊은 시절에 비해 인적 네트워크나 경험 자산은 풍부하고, 남은 시간이 상대적으로 길지 않다는 점 덕분에 오히려 과감하게 도전하는 일도 가능하다. 자녀가 있다면 한창 손이 많이 가던 육아 부담에서도 벗어났을지도 모른다. '어떻게든 되겠지'라는 마음으로 일단 시작해보는 것이 때로는 더 현실적인 선택일 수 있다.

따라서 창업을 꿈꾼다면 너무 조급해할 필요는 없다. **그보다는 나이와 상관없이 꾸준히 무언가를 만들어내는 힘을 기르는 것이 중요하다.** 만드는 힘만 있다면, 어떤 형태로든 몇 살이 되든 새로운 가치를 창출할 수 있다.

마치 내가 퇴직 후 창업을 준비하는 것처럼 들릴지도 모르지만, 개인적으로 그런 계획은 없다. 다만 창업을 시작하기에 너무 늦은 나이란 없다는 사실을 강조하고 싶을 뿐이다.

가장 중요한 포인트는 자신이 만든 서비스나 제품을 통해 '이렇게 놀라운 경험을 더 많은 사람과 나누고 싶다', '한 사람이라도 더 이 편리함을 누렸으면 좋겠다'는 뜨거운 마음, 즉 '열정'을 꾸준히 유지하는 것이다. 열정이 없다면 나이가 많든 적든 사업에 성공하기는 어렵다.

항상 차선책을 준비해 둔다

기본 계획(플랜 A)을 세울 때는 항상 대안(플랜 B)을 함께 생각해야 한다. 비상 상황에 대비한 '플랜 B'의 중요성은 이미 많은 사람이 알고 있을 것이다.

제품이나 서비스를 만들 때 대안을 세우는 일엔 요령이 필요하다. 개발 과정에서 필요한 부품 조달이나 인력 운용 등에 대한 다양한 플랜 B를 고려할 수 있지만, 가장 중요하게 생각해야 할 부분은 바로 '마감 일정'이다. **개발 과정에서 일어나**

는 중대한 문제 중 하나는 예정된 출시일을 맞추지 못하는 것이다. 이때 '어떻게든 출시일에 맞춘다'라거나 '무조건 출시를 늦춘다'라는 식의 안일한 생각은 매우 위험하다.

예정된 출시일을 지키지 못하는 이유는 다양하지만 대개 제품의 품질이나 안전성 문제로 귀결된다. 이 중 안전성 문제는 비교적 명확하게 결정을 내릴 수 있다. 최근 대부분의 제품이나 서비스는 소프트웨어와 연결되어 있기 때문에 IT 보안을 포함한 안전성을 확보하기 어렵다고 판단되면 출시를 연기하더라도 철저한 테스트를 거쳐 완전히 문제를 해결해야 한다.

그렇다면 품질 문제는 어떨까. 이 경우에는 때때로 타협이 중요할 수 있다. 물론 관련 법규나 기준은 반드시 준수해야 한다. 하지만 시장의 요구 수준 이상으로 과도하게 완벽한 품질을 추구하기보다는 '이번 출시 버전에서는 이 정도 수준이면 충분하다'라는 현실적인 판단이 필요할 때도 있다. 따라서 어느 정도의 완성도를 목표로 할지, 즉 플랜 B로서의 품질 목표를 미리 설정해 두는 것이 좋다. 만약 플랜 B를 선택한다면 제품의 판매 방식이나 목표 고객에게 어떤 영향을 미칠지에 대해서도 미리 면밀하게 검토하고 대비해야 한다.

소프트웨어 제품이라면 일단 출시한 후 업데이트를 통해 품질을 개선하는 방식으로 대응하기도 한다. 마이크로소프트의 윈도우(Windows) 운영체제처럼, 우선 핵심 기능을 갖춰 출시한 뒤 지속적인 업데이트를 제공하는 방식을 고려해 볼 수 있다.

하지만 주의할 점도 있다. 특히 게임 소프트웨어의 경우 대부분 출시 후 약 2주간의 초기 판매량이 전체 흥행을 좌지우지한다. 비단 게임뿐 아니라 많은 소비재 산업에서 초기 시장 반응은 매우 중요하다. 출시 직후에 소비자들로부터 외면을 받으면 이후 판매량을 회복하기는 극히 어렵다. 따라서 만약 제품 완성도가 원래 목표했던 수준에서 크게 미치지 못한다는 판단이 섰다면, 과감하게 출시를 연기하는 결단도 필요하다.

결론적으로 **'예정된 시점에 시장에 출시할 것인가, 아니면 연기할 것인가'**라는 마감 관련 최종 결정에 대한 플랜 B는 반드시 미리 준비해 두어야 한다.

> **칼럼 2**
> **프로젝트에는**
> **작게라도**
> **출구를 마련한다**

일단 프로젝트를 시작했다면 설령 규모가 작더라도 일종의 출구, 즉 마무리 지점을 마련해 두는 것이 좋다. 물론 프로젝트의 궁극적인 목표는 성공적인 결과물을 내는 것이다. 특히 기대 이상의 큰 성공이야말로 모두가 바라는 이상적인 목표다.

하지만 이미 시작된 프로젝트의 진행 과정에서 아무리 검토해도 성공은 고사하고 상품화나 수익화조차 어렵다고 판단하게 되는 경우도 분명히 존재한다. 기술적인 완성도가 현저히 낮거나 시장에서 해당 결과물을 원하지 않는다는 사실이 명백하다면 이런 일을 겪을 수 있다.

프로젝트의 최종 성공 여부와는 별개로, 회사나 조직은 제작 과정에 참여한 구성원들이 쏟은 노력과 그들이 발휘한 역량을 인정하고 다음 단계로 나아갈 수 있도록 지원해야 한다. 이는 개인 프로젝트나 스타트업의 경우에도 마찬가지다. 성공 가능성이 작아 보이는 프로젝트라도 가능하다면 그간의 노력을 정리하고 마무리하는 결실의 자리를 마련하는 것이 중요하다.

형태나 규모는 중요하지 않다. 내부적인 연구 결과 발표회나 사외 전시회 출품, 혹은 언론 인터뷰나 기사 노출 등 어떤 형태든 괜찮다. **프로젝트에 참여해서 열심히 노력한 사람들이 각자의 경험을 바탕으로 다음 도전으로 향할 수 있도록, 의욕을 잃지 않고 오히려 사기가 높아지도록 돕지.** 이러한 과정은 혁신적인 제품이나 서비스를 지속해서 만들어내야 하는 조직에 반드시 필요하다.

'해내면 대단할 것이다'라는 느낌은
이성을 뛰어넘는다 ───────

보통 새로운 상품을 개발할 때는 시장 조사, 고객 분석, 경쟁사 분석 등의 과정을 거친다. 그리고 조사한 결과를 바탕으로 논리적인 개발 방향을 설정한다.

하지만 이러한 논리적 분석과 접근 방식만으로는 누가 생각하더라도 비슷비슷한 결론에 도달하기 쉽다. 그 결과 차별점이 없는 유사 상품만 시장에 넘쳐나는 딜레마에 빠지곤 한다. 이럴 때는 어떻게 해야 할까.

매력적인 제품이나 서비스를 만들기 위해서는, 때로는 '이걸 해낸다면 정말 굉장하겠다!'와 같은 직관과 약간의 모험심이 필요하다. 이러한 도전 정신이 종종 치밀한 논리를 기반으로 개발하는 것보다 훨씬 예상을 뛰어넘는 성공을 거두기도 한다.

디지털카메라의 사례를 보자. 초창기 디지털카메라에는 지금과 같은 액정 화면이 없었다. 그런데 1995년, 일본의 카메라 제조사인 카시오(CASIO)는 액정 화면을 탑재한 디지털카메라를 출시했다. 당시에는 카메라의 작은 뷰파인더를 들여다보며 사진을 찍는 방식이 당연했기에 사전 고객 조사에서는 액정 화면에 대한 반응이 매우 부정적이었다고 한다. 하지만 카시오는 조사 결과를 보고서도 과감하게 카메라에 액정 화면을 추가했다. 결과적으로 액정 화면이 이후 디지털카메라의 표준이 되어 시장의 판도를 바꾸었다는 사실은 잘 알려져 있다.

스케이트보드의 발전사 또한 '해내면 굉장하겠다'라는 마음이 혁신을 이끈 좋은 사례다. 스케이트보드는 1960년대 롤러스케이트에 판자를 붙여 타던 놀이에서 시작되었다고 한다. 이 놀이가 점차 발전하면서 더욱 빠르게 달리고 점프하는 기술이 개발되었고, 나아가 공중에서 보드를 회전시키거나 보더 스스로 회전하는 등 고난도 기술들이 속속 등장했다. 결국 스케이트보드 전용 경기장까지 생겼고 멋진 기술을 선보이는 선수들에게는 스폰서가 붙으며 프로 스케이트보더라는 직업까지 탄생했다. 오늘날 스케이트보드가 누리는 인기는 바로 이러한 과정이 만들어낸 결과다.

스케이트보드의 역사는 '롤러스케이트에 판자를 붙여 타면 재밌겠다', '새로운 기술에 성공하면 멋지겠다', '더 화려한 묘기를 해내고 싶다', '대회에서 우승하고 싶다', '세계 최고가 되어 유명해지고 싶다'처럼, '해낸다면 굉장한' 도전들이 연쇄적으로 일어나며 만들어졌다.

무언가를 만드는 대부분의 현장에서는 개발 초기부터 해당 제품이나 서비스가 미래에 어떤 모습으로 사람들에게 받아들여질지 명확하게 그리기가 어렵다. 이는 매우 자연스러운 현상이므로 두려워할 필요는 없다. 중요한 것은 '실제로 만들어낸다면 정말 대단할' 초기 아이디어나 목표 자체에 집중하는 것이다. 그러다 보면 어느새 세상이 변하고, 스케이트보드의 사례처럼 '해내면 굉장한' 일들이 연쇄적으로 일어나며 예상치 못한 성공으로 이어지기도 한다. 당장 눈앞에 있는 목표에 몰입하고 도전하는 것, 그것이야말로 혁신을 일으키는 원동력이다.

아폴로 계획 당시 달 착륙이라는 목표를 향해 나아갔던 수많은 팀원들은 각자 자신이 맡은 첨단 기술 개발에 집중하느라 프로젝트의 전체 그림을 완벽히 파악하기 어려웠을지도 모른다. 하지만 그들에게 중요한 것은 눈앞에 보이는 과학적 증거나 완벽한 성공 로드맵이 아니었다.

일본에는 예로부터 '모노즈쿠리(ものづくり)'[7] 정신, 즉 만드는 행위 자체를 소중히 여기는 전통이 있다. '해낸다면 굉장할 것이다'라는 도전 정신과 모험심을 핵심 가치로 삼아 논리를 뛰어넘는 새로운 시도에 나서보자.

---

7   장인정신이 깃든 일본식 제조업 또는 제조 문화 전반을 뜻하는 말.

> **칼럼 3**
> **'시련의 벽'을 넘어 새로운 '사업'을 만든다**

일본에는 마쓰시타 고노스케, 모리타 아키오, 이나모리 가즈오(稻盛和夫)[8]와 같이 위대한 창업자들이 있다. 손 마사요시(孫正義)[9]나 야나이 다다시(柳井正)[10]처럼 오늘날까지 활발히 활동하는 창업자들도 있다. 이러한 창업 세대는 아마 다음 세대들이 자신들을 뛰어넘어 세계적인 사업을 창조하고, 사회에 새로운 가치를 더해주기를 바랄지도 모른다.

만약 후배 세대가 창업자 세대가 이룩한 '성과라는 벽'을 넘어서지 못한다면 그 기업, 나아가 사회 전체는 점차 활력을 잃고 위축되기 마련이다. 오늘날처럼 급변하는 세상에서 과거의 방식만 답습한다면 거대한 변화의 물결을 헤쳐나갈 수 없다. 그런데도 여전히 많은 일본 기업에서는 전임자나 상사의 가르침을 금과옥조처럼 여기며 변화를 주저하고 있다. 미래를 위한 새로운 경영이 아닌 과거 방식의 답습, 즉 운영에만 머무르는 모습을 자주 볼 수 있는 것이다.

---

8 교세라 창업자이자 일본의 대표적 경영자·사상가로, '아메바 경영'과 인간 중심 경영 철학으로 유명하다.
9 일본의 통신사 소프트뱅크 그룹 창업자이자 회장으로, 대규모 기술 투자로 세계적 영향력을 가진 기업가. 한국 이름은 손정의이다.
10 글로벌 의류 브랜드 유니클로를 운영하는 패스트리테일링 창업자이자 회장으로, 일본을 대표하는 글로벌 의류 기업가이다.

그렇다면 어떻게 해야 할까. 우선 바로 위의 전임자와 상사를 뛰어넘고, 더 나아가 자신이 입사했을 당시의 임원이나 사장, 궁극적으로는 창업자의 업적마저 넘어서겠다는 높은 목표를 설정해야 한다. 이때 반드시 창업자가 시작했던 사업 영역에만 머무를 필요는 없다.

소니가 만약 전자제품 회사라는 틀 안에만 머물렀다면 오늘날과 같은 기업으로는 성장하지 못했을지도 모른다. 그들은 회사를 전자제품 기업으로 한정하는 대신 **'세상 사람들에게 감동과 즐거움을 주는 회사'**라는 더 넓은 비전으로 재정의했다. 그 결과 영화, 게임, 음악, 금융 등 다양한 분야가 소니의 핵심 사업으로 자리 잡게 되었다.

일본의 대표적인 필름 제조사였던 후지필름(FUJIFILM) 역시 좋은 예다. 지금은 주력 사업이었던 카메라 필름을 거의 생산하지 않지만, 기업 자체는 계속해서 성장하고 있다. 그들은 필름 사업을 완전히 포기하는 대신 필름 제조 과정에서 축적된 핵심 기술인 미립자 가공 기술을 응용하여 화장품이라는 새로운 분야에 진출했고, 이를 성공적인 신규 사업으로 키워냈다.

이들 사례에는 앞서 설명한 **'수파리(守破離)'**의 정신이 공통으로 녹아 있다. 제품이나 서비스 개발뿐 아니라 사업이나 회사 전체의 발전 방향을 설정하는 데도 이러한 원칙은 중요하게 작용한다. 이는 또한 학문 분야에서 흔히 인용되는 **'거인의 어깨 위에 올라선다'**[11]는 말과도 상통하는

---

11 아이작 뉴턴이 자신의 업적이 선대 과학자들의 연구 위에 이루어졌음을 겸허히 표현한 말이다.

면이 있다.

학문의 발전 과정을 보면 어느 한순간에 완전히 새로운 이론이나 가설이 증명되는 경우는 드물다. **이름이 알려졌든 그렇지 않든, 수많은 연구자가 긴 시간 축적해 온 지식과 고민 위에 새로운 아이디어를 더함으로써 마침내 역사적인 발견이 이루어진다.** 오래도록 쌓아 올린 선대의 이론과 발명이라는 토대 위에 자신만의 독창적인 이론을 얹을 때 학문은 발전할 수 있다.

기업의 성장과 혁신도 마찬가지다. 겉보기에는 완전히 새로운 사업처럼 보일지라도 성공의 실마리는 의외로 기존 사업이나 경험, 즉 가까운 곳에 숨겨져 있는 경우가 많다.

성공작을 만들려면
사용자를 어린이라고 생각하자

무언가를 만드는 사람이라면 누구나 자신이 만든 제품이나 서비스가 가능한 한 많은 사람에게 사랑받고 사용되기를 바랄 것이다. 물론 '아는 사람만 아는', 마니아를 위한 상품도 존재하지만 그런 경우라도 주어진 시장 안에서는 최대한 많은 사람이 사용해 주기를 바라기 마련이다. 그렇다면 어떻게 해야 더 많은 사람이 우리가 만든 제품을 사용하고 좋아하게 만들 수 있을까?

상품 종류에 따라 세부적인 차이는 있겠지만, 기본적으로 만드는 사람은 '사용자는 어린이와 같다'는 관점을 가지는 것이 좋다. 어떤 상품이든 사용법에 능숙한 전문가만 구매하는 경우는 드물다. 사용자의 기준점을 어린이로 설정하고 제품이나 서비스를 만들면 결과적으로 남녀노소 누구나 쉽고 즐겁게 사용할 수 있다. 어른이든 아이든 복잡한 설명서를 읽지 않아도 직관적으로 사용법을 익히고 사용하면 할수록 재미를 느껴 계속 빠져들게 만드는 경험, 이것이야말로 성공하는 제품에 필요한 핵심 요소다.

게임기 개발 사례를 통해 '어린이를 위한' 제품 설계 방법을 좀 더 구체적으로 살펴보자. 게임의 주요 사용자층은 어린이와 청소년이다. 게임 디자인을 할 때는 수많은 고려 사항이 있지만, 핵심 원칙은 크게 두 가지로 요약할 수 있다. 첫째는 '**설명서가 필요 없다**'는 점이고, 둘째는 '**난도를 점진적으로 높여 성취감을 느끼게 한다**'는 점이다.

첫 번째 원칙부터 생각해 보자. 아이들은 솔직해서 재미없으면 바로 싫증을 내고, 겉치레 같은 말을 하지 않는다. 게임 개발자들은 기본적으로 아이들이 설명서 따위는 읽지 않는다고 전제한다. 상자에서 게임기를 꺼내면 바로 플레이부터 한다고 예상하는 식이다. 아이들에게 '자세한 사용법은 설명서를 참고하세요'라는 말은 통하지 않는다. **따라서 설명서 없이도 직관적으로 플레이 방법을 터득하고 즐길 수 있게 하는 것이 좋은 게임의 중요한 조건 중 하나다.**

닌텐도의 '슈퍼 마리오(Super Mario)' 시리즈를 생각해 보면 이해하기 쉽다. 설명서를 정독하고 마리오 게임을 하는 사람은 거의 없다. 별다른 사전 지식 없이도 점프해서 쿠파를 물리치고, 버섯을 먹으면 몸이 커진다는 것을 자연스럽게 알게 된다.

게임 개발자들은 콘텐츠의 특성상 자신이 만든 게임을 가능한 한 많은 사람이 즐겨주기를 바란다. 어른, 아이, 때로는 신체적 제약이 있는 사람까지도 모두 함께 즐길 수 있기를 바라며 게임을 설계한다. 또한 아이들은 쉽게 싫증을 느끼기 때문에 게임 플레이가 지루해지지 않도록 다양한 장치를 마련하는 데 여러모로 고민을 거듭한다.

두 번째 원칙인 '단계적인 난이도 설정'은 사용자가 게임을 플레이하면서 스스로 실력이 늘고 있다고 느끼게 하는 장치를 마련한다는 뜻이다. 대부분 게임에는 여러 단계의 스테이지가 존재하는데 보통 첫 스테이지를 클리어하면 다음 스테이지로 넘어간다. 첫 스테이지는 버튼 하나만으로도 클리어할 수 있지만, 다음 스테이지에서는 두 개의 버튼을 조합해야 하는 식으로 점차 조작 난도를 높인다. 이렇게 잘 설계된 난이도 곡선은 사용자 자신도 모르는 사이에 게임 실력이 향상되도록 유도하고, 게임에 더 많은 시간을 투자하게 만들며 쉽게 그만두지 못하게 한다.

비단 게임뿐 아니라 어떤 분야든 실력이 향상되면 재미가 붙어서 쉽게 그만둘 수 없다. 만드는 사람 입장에서는 사용자가 '계속 도전하고 싶다', '다음 단계가 궁금하다' 같은 몰입감과 성취감을 느끼게끔 만드는 것이 핵심 과제다. 이를 위해서는 난이도를 포함한 게임의 모든 요소를 세밀하게 조정해야 한다. **너무 쉬우면 금방 지루해지고, 너무 어려우면 좌절하고 포기하기 때문이다.**

개발 과정에서는 사용자 테스트를 통해 난이도를 검증하고, 만약 대부분 사용자가 특정 구간을 통과하지 못한다면 보스 캐릭터나 적의 능력을 조금 낮추는 식으로 조정하기도 한다. 사용자가 도전을 포기하지 않고 계속 즐거움을 느낄 수 있도록 끊임없이 고민해야 한다.

무언가를 만들 때 사용자의 마음을 제대로 이해하는 것은 언제나 가장 어려운 문제다. 특히 개발 환경 주변에 어린이 같은 실제 사용자가 없다면 그들의 요구를 정확히 파악하기 어렵다. 하지만 앞서 언급한 두 가지 원칙, 즉 **'설명서가 필요 없는 직관적인 사용성'**과 **'사용자의 성장을 유도하는 단계적인 난이도 설계'**를 기준으로 삼는다면 어떻게 제품이나 서비스를 만들어야 할지에 대한 중요한 방향을 잡을 수 있다.

최대한 사용자의 입장에서 상상하자

앞서 말했듯 제품을 만들 때는 어린이의 시각에서 접근하는 것이 좋다. 그런 방식을 통해 세상에 존재하는 수많은 '쓰기 불편한' 제품과 서비스들을 새로운 관점으로 개선할 수 있다. **어린이가 이 제품을 어떻게 사용할지 구체적으로 상상하다 보**

면 개선해야 할 점들이 다양한 측면에서 보이기 시작한다.

예를 들어 무언가를 신청하는 온라인 웹 페이지는 불편하기 짝이 없는 경우가 많다. 정작 중요한 신청 버튼이 어디에 숨어 있는지 찾기 어렵거나, 실수로 브라우저의 뒤로 가기 버튼을 눌렀다가 오류가 일어나서 처음부터 다시 내용을 입력해야 했던 황당한 경험은 누구나 한 번쯤 겪어보았을 것이다.

인터넷 기술은 눈부시게 발전했지만, 수많은 웹사이트의 신청 페이지는 여전히 과거의 낡은 방식을 답습하며 사용자에게 불편함을 안겨준다. 왜 이런 문제는 쉽게 개선되지 않을까. 아마도 사이트 이용자 대부분은 불편함을 참으면서 어쩔 수 없이 사이트를 사용하는 어른들이기 때문일 것이다. 하지만 만약 이런 불편한 웹사이트가 게임이었다면 어땠을까. 아마 아이들은 해볼 만한 가치도 없다며 거들떠보지 않았을지도 모른다.

이와 같은 문제는 결국 제품이나 서비스를 만드는 사람에게 사용자가 실제로 어떻게 조작하고 생각할지에 대한 상상력이 부족해서 발생하는 것이다. 미로처럼 복잡하고 사용하기 어려운 웹사이트라도 '어린아이가 사용한다면 어떨까?'라는 관점에서 다시 설계한다면 완전히 다른 모습으로 개선될 수 있다.

게임 개발 과정에서는 사용자가 불필요하게 헤매거나 혼란을 느끼지 않도록 매우 꼼꼼하게 인터페이스와 경험을 설계한다. 이러한 사용자 중심의 설계 노하우를 하루아침에 쌓을 수는 없겠지만, '누구나 쉽게 사용할 수 있도록, 불필요하게 헤매지 않도록' 배려하는 기본적인 자세만 갖추어도 디자인의 완성도는 크게 달라진다.

어린이의 시각에서 문제를 바라보는 접근 방식은 교육 및 연수(학습) 분야에도 매우 효과적으로 적용할 수 있다. 예를 들어 게임에서 한 단계를 클리어했을 때 느껴지는 성취감과 다음 단계에 도전하고 싶어 푹 빠져드는 감정을 학습 과정에 잘 활용해 보면 어떨까.

교육 분야에서는 종종 학습 단계의 난도 격차가 너무 커서 학습자가 중도에 포기하는 문제가 발생한다. 갑자기 내용이 어려워지면 학습자는 쉽게 좌절하고 지레 포기하게 된다. 이럴 때는 학습자 개개인의 수준에 맞춰 난이도를 조절하거나, 특정 단계를 넘어서기 어려워하는 학습자에게는 다른 학습 경로를 제시하는 식으로 유연한 접근이 필요하다. 바로 이 지점에서 이용자가 '지루하지 않게', '헤매지 않게' 만드는 어린이용 게임 콘텐츠 제작 노하우가 큰 힘을 발휘할 수 있다.

가슴이 뛰는 쪽을 선택하라

1990년대 미국 실리콘밸리에는 잠시 세상을 떠들썩하게 했던 회사가 있었다. 바로 '제너럴 매직(General Magic)'이다. 제너럴 매직은 애플(Apple) 출신 엔지니어들이 독립하여 설립한 회사로, 주요 사업 분야는 휴대용 단말기를 위한 통신 시스템 개발이었다. 창업 초기부터 AT&T, 모토로라(Motorola), 소니 등 세계 유수의 기업이 앞다투어 투자했으며, 1995년에는 설립 5년 만에 나스닥(NASDAQ)[12]에 상장하는 등 큰 기대를 모았다.

하지만 제너럴 매직은 결국 세상에 히트 상품을 내놓지는 못했다. 아마 대부분의 사람들은 이 회사의 이름을 들어본 적조차 없을 것이다. 그런데도 제너럴 매직이 설립 초기부터 글로벌 기업들로부터 러브콜을 받고 투자를 유치할 수 있었던 이유는, 그들에게 **시대를 앞서나가는 꿈이 있었기 때문이다.**

제너럴 매직은 사용자를 대신하여 인터넷에서 정보를 찾아주는 인공지능 비서 '에이전트(Agent)'와 휴대용 단말기(PDA)용 운영체제 '매직캡(Magic Cap)' 등을 개발했다. 오늘날 우리가 스마트폰으로 당연하게 사용하는 정보 검색이나 SNS 소통 방식

---

12   미국의 대표적인 전자식 주식거래소로, 기술주 중심의 지수로도 사용된다.

의 기초가 되는 기술과 서비스 개념 상당수는 바로 이 회사에서 선구적으로 제시했다.

그러나 제너럴 매직은 결국 2002년에 사업을 중단했다. 여러 이유가 있겠지만 무엇보다 시대를 너무 앞서갔던 것이 가장 큰 원인이 아니었을까. 돌이켜 보면 당시엔 아직 인터넷 인프라조차 제대로 갖춰져 있지 않았다. 그들의 비전이 얼마나 시기상조였는지 이제는 명확히 알 수 있다. **이처럼 제너럴 매직은 회사 자체로서는 큰 성공을 거두지 못했지만, 그 대신 미래를 이끌어갈 재능 있는 사람들을 세상에 남겼다.**

일본 근대화 시기의 정치가였던 고토 신페이(後藤新平)[13]는 이런 말을 남겼다. "돈을 남기고 죽는 자는 하수(下), 사업을 남기고 죽는 자는 중수(中), 사람을 남기고 죽는 자가 고수(上)다." 이런 관점에서 본다면, 제너럴 매직이야말로 21세기 IT 산업의 역사를 새로 쓴 인물을 수없이 배출해 낸 고수였다고 할 수 있다.

실제로 제너럴 매직 출신 인물의 면면은 화려하다. 안드로이드(Android) 운영체제를 개발한 앤디 루빈(Andy Rubin), 오바

---

13 메이지·-다이쇼 시대의 의사 출신 관료이자 일본 정치가로 식민지 정책·도시 계획·보건 행정 등의 근대화에 기여했다.

마 행정부의 최고기술책임자(CTO)를 지낸 메건 스미스(Megan Smith), 아이팟(iPod)의 아버지로 불리는 토니 퍼델(Tony Fadell), TV 기반 인터넷 서비스인 '웹 TV(WEB TV)'를 개발하여 마이크로소프트에 매각한 스티브 펄먼(Steve Perlman), 어도비(Adobe)[14]의 전 CTO 케빈 린치(Kevin Lynch) 등은 모두 제너럴 매직에서 일했던 경험이 있다. 제너럴 매직의 도전은 시대를 지나치게 앞서갔지만, 그 도전은 이들을 통해 마침내 큰 결실을 보았다고 평가된다.

시대를 앞서가는 담대한 아이디어가 제시되면 뛰어난 인재들은 그 비전에 매력을 느끼고 자연스럽게 모여든다. **이들이 함께 일하며 서로에게 영감을 주고받을 때 매일 새로운 발견과 성장이 일어난다.** 마치 화학 반응처럼 서로의 기술 수준과 경험치가 함께 향상되는 것이다. 제너럴 매직은 이러한 선순환의 상징적인 사례다.

오늘날 우리는 다시 한번 거대한 전환기 위에 서있다. 자율주행 기술, 로봇과 화성 탐사, 핵융합 에너지 개발에 이르기까지 엄청난 가능성을 품은 프로젝트들이 지금 이 순간에도 우

---

14   포토샵, 프리미어 등 창작 소프트웨어로 유명한 미국의 디지털 콘텐츠 기술 기업.

리 주변 어딘가에서 시작되고 있을지 모른다. 무척 매력적이지만 성공 여부는 불투명한 도전들이다.

물론 당장의 현실적인 생활을 생각하면 불확실한 도전에 주저하게 되는 것도 당연하다. 하지만 때로는 단기적인 조건이나 안정성만을 따지기보다 가슴 뛰는 새로운 프로젝트에 과감히 뛰어드는 것이 몇 년, 혹은 몇십 년 후를 내다봤을 때 더 나은 선택이 될 수도 있다.

만약 당신이 지금 어떤 선택 앞에서 망설이고 있다면 판단 기준은 간단하다. '당신은 어느 쪽에 더 마음이 설레는가?' 설렘이야말로 우리의 삶을 이끄는 가장 강력한 원동력이다.

혁신은 중심부가 아닌 변두리에서 시작된다

흔히 기술 혁신(innovation)은 메인스트림(mainstream)이 아닌 변두리에서 시작되는 경우가 많다. 미국의 실리콘밸리가 대표적인 예다. 미국 정치 및 경제의 중심지인 뉴욕이나 워싱턴 D.C. 같은 동부 해안에서 멀리 떨어진 서부의 힌 지역에서 기존 산업 질서를 파괴하는 혁신적인 기업들이 탄생했다.

혁신이 일어나기 위해서는 서로 다른 문화나 배경을 가진 사람들이 만나고 섞이는 과정이 중요하다고 한다. 최근 스마트시티(Smart City)를 연구하는 한 학자의 강연을 듣고 이 생각에 무척 공감했다. 그는 전 세계 여러 도시를 분석한 결과, 도시마다 고유한 배경과 특성이 존재하는데 이중에서도 특히 다양한 배경의 사람들이 모여드는 곳일수록 혁신이 활발하게 일어나는 경향이 있다고 지적했다. **이는 곧 사회 내 소수자(minority)의 존재가 혁신의 중요한 원천이 될 수 있음을 시사한다.**

주류(majority) 집단이 사회의 다수를 차지하고 그들의 기준에 맞춰진 사회는 기존의 규칙과 시스템 안에서도 큰 불편함 없이 돌아간다. 하지만 틀에 맞지 않는 소수자들이 일정 규모 이상 존재하게 되면 그들은 기존 시스템 속에서 여러 가지 불편함을 겪는다. 이러한 불편함을 해결하려는 과정 속에서 새로운 아이디어나 기술, 즉 혁신이 탄생하는 것은 어떤 의미에서는 필연적이다.

이러한 원리는 기업 경영에도 적용될 수 있다. **안정된 회사의 핵심 주력 부서에서는 오히려 파격적인 성공작이 나오기 어렵다.** 플레이스테이션의 탄생 과정도 이와 비슷했다.

플레이스테이션 사업을 시작한 소니컴퓨터엔터테인먼트는

처음엔 소니 본사와 소니뮤직(Sony Music)이 절반씩 출자하여 설립한 합작 회사였다. 만약 처음부터 소니 그룹 전체에서 총력을 기울이는 핵심 사업이었다면 그룹 내부에서 직접 개발했을 것이다.

하지만 당시 플레이스테이션은 소니 본사가 직접 나서서 챙길 만한 핵심 사업이 아니었기 때문에 별도의 합작 회사 형태로 시작될 수 있었다. 그래서 사무실 위치도 소니 본사가 위치한 시나가와(品川)[15]나 소니 뮤직이 있는 롯폰기(六本木)[16]가 아닌, 두 곳 모두에서 떨어진 아오야마 1초메(青山1丁目)에 자리 잡았다. 돌이켜 보면 이렇게 모회사로부터 물리적인 거리를 둔 것이 오히려 다행이었다.

핵심 사업이 아니라는 인식 덕분에 기존 사업부의 간섭이나 제약에서 벗어나 비교적 자유롭게 새로운 사업 모델을 시도할 수 있었다. 변두리에서 시작했기에 본사의 제약을 덜 받았던 것이다. 그렇게 시작된 플레이스테이션 사업은 현재 소니 그

---

15 도쿄의 교통 중심지로 비즈니스 지구와 신칸센 정차역이 있는 주요 지역이다.
16 도쿄의 번화가로, 외국인이 많으며 고급 상업시설, 예술·문화 공간이 모여 있는 지역이다.

룹 전체에서 가장 중요한 핵심 사업 중 하나로 성장했으며, 그 룹 전체 이익의 약 4분의 1을 담당할 정도로 위상이 달라졌다.

칼럼 4
당신의 부서는 핵심인가, 변두리인가, 혹은 쇠퇴하는 중인가

앞서 이야기했듯 혁신의 기회는 종종 변두리에 있다. 지금 당신이 만들거나 기획 중인 아이템은 회사의 주요 사업과 비교했을 때 어느 위치에 있는가. 혹은 당신은 회사 내에서 어떤 성격의 부서에 속해있는가. 만약 핵심 주력 부서가 아닌 변두리에 있다면 오히려 혁신을 일으킬 좋은 기회일지도 모른다.

반대로 현재 핵심 부서에 속해있다는 사실이 문제일 때도 있다. 핵심 사업이 여전히 잘 되고 있고 그 안에서 활약하고 있다면 다행이지만, '회사의 주요 부서에 있긴 하지만 사업의 미래가 밝아 보이지 않는다'라거나 '이직도 고민되지만 아직 이 회사에서 무언가 더 해볼 수 있지 않을까?', '혁신을 일으키고 싶은데 어떻게 해야 할까?'와 같은 고민을 하고 있지는 않은가. **자신이 현재 몸담은 곳이 핵심인지, 변두리인지, 혹은 이미 쇠퇴하고 있는 영역인지 냉정하게 판단해 볼 필요가 있다.**

특히 큰 회사일수록 신사업을 기획하고 추진하는 별도의 조직을 둔 경우가 많은데, 그럴수록 이러한 고민이 더욱 깊어지기도 한다. 이런 상황에서 어떻게 행동해야 할지는 연령대에 따라 다르다. 아직 젊다면 적극적으로 다른 부서로 이동을 모색하고 이를 회사에 요청하는 것도 한 방법이다. 하지만 30대 중반이나 40대 정도가 되면 이미 현재 부서에서 **핵심 인력, 즉 중요한 전투력으로 자리 잡았을 가능성이 높기 때문에 젊은 직원처럼 쉽게 부서를 옮기기 어렵다.**

좋든 나쁘든 일본 기업들은 여전히 신입사원 공채 중심 문화가 강하며 대기업이라면 한 해 입사 동기만 수백 명에 이르고 선후배 관계도 중요하게 작용한다. **이런 환경에서 지나치게 사내 정치에 얽매일 필요는 없지만, 회사 내에서 편하게 속마음을 터놓고 이야기할 수 있는 동료나 인맥을 만들어두는 것은 생각보다 훨씬 중요하다.**

일에 지치거나 현재 업무에 한계를 느낄 때 "요즘 그쪽 팀 분위기는 어때? 재밌어 보여."라며 가볍게 속마음을 비추다 보면, "관심 있으면 이쪽으로 와볼래?"라는 뜻밖의 제안을 받게 될지도 모른다. 그렇게 우연한 기회가 쉽게 오겠느냐고 생각할 수도 있지만, 실제로 내가 플레이스테이션 사업에 합류하게 된 계기도 친한 동료와 골프를 치며 나누었던 가벼운 잡담 덕분이었다.

"지금 게임 사업을 새로 준비 중인데 한번 같이 해보지 않을래?"라는 이야기를 듣고, 마침 회사의 지원으로 컴퓨터 그래픽(CG) 분야를 공부했던 터라 망설임 없이 제안을 받아들였다. 공식적인 인사 발령이나 임원의 지시 때문이 아니었다(물론 이후 간단한 면접 절차는 거쳤다). 만약 그때 그 제안을 받아들이지 않았다면 나는 지금과는 전혀 다른 삶을 살았을지도 모른다.

벤처 기업이나 중소기업에서는 이런 식의 비공식적인 인력 이동이 비교적 흔하게 일어난다. 대기업은 보통 공식적인 사내 이동 절차를 따르지만 그렇다고 해서 방법이 전혀 없지는 않다. 다만 비공식적인 경로는 개인의 인맥이 중요하게 작용하는 만큼 평소에 얼마나 '안테나'를 세우고 다양한 사람들과 교류하며 기회를 탐색하는지가 관건이다.

물론 타이밍도 중요하다. 평소 다양한 정보에 귀 기울이고 네트워킹한다고 해서 반드시 원하는 기회가 찾아오는 것은 아니다. 하지만 그렇다고 해서 '주력 부서에 있지만 어차피 쇠퇴하는 분위기야'라며 체념하기만 해서는 아무것도 달라지지 않는다. 주어진 상황에서 자신이 할 수 있는 일을 적극적으로 찾아 시도해야 한다.

어떤 조직에 속해있든 새로운 가치를 창조하기 위해 분명히 할 수 있는 일이 있다. 주변을 유심히 살펴보길 바란다.

만약 당신이 현재 회사의 주력 상품과 관련된 일을 하고 있다면, 지금까지 관심을 두지 않았던 변두리 영역에서 새로운 가치를 발견하려는 시도를 해보자. 예를 들어 더 이상 TV는 방송국에서 송출하는 프로그램을 수신하기만 하는 가전제품이 아니다. 이제는 유튜브, 넷플릭스, 아마존 프라임 비디오와 같은 OTT(Over-The-Top) 서비스를 시청하는 단말기로서의 역할이 훨씬 커졌다. 심지어 TV 시청 시간에 아예 내장된 방송 튜너를 사용하지 않는 비중도 상당히 높다. 하지만 과거 TV 시장을 주름잡았던 전통적인 제조사 중 상당수는 이러한 새로운 미디어 환경의 핵심 플레이어로 전환하는 데 성공하지 못했다.

결과론적인 해석일 수도 있지만, 자신이 속한 산업이나 분야를 단순히 쇠퇴 산업으로 단정 짓기보다는 끊임없이 재검토하고 새로운 가능성을 모색하는 자세가 중요하다. 항상 혁신의 씨앗을 찾으려는 태도를 유지해야 한다. **고정관념과 편견이야말로 혁신의 가장 큰 적이다.**

경직된 PDCA는 이제 그만두자

'계획은 일단 실행에 옮기면 쉽게 수정하기가 어렵다.' 나는 앞서 이렇게 말했다. 특히 규모가 큰 프로젝트일수록 진행 과정에서 문제가 계속 발생하는데도 멈추지 못하고 그대로 밀어붙이다가 결국 실패하는 경우가 적지 않다. **이러한 상황을 초래하는 원인 중 하나는 'PDCA' 사이클에 대한 지나친 집착일 수 있다.**

과거 많은 조직에서는 'PDCA(계획Plan, 실행Do, 평가Check, 개선Act)'를 제대로 실행하는 것이 업무 효율화의 핵심이라고 강조했다. 오늘날에도 여전히 많은 기업에서 이 방법론을 활용하고 있지만, PDCA는 원래 공장에서 생산되는 제품의 품질을 점진적으로 개선하기 위해 고안된 방식이다.

물론 아무런 계획 없이 무작정 개발에 뛰어드는 것은 무모한 일이다. PDCA는 기존 업무를 개선하는 데는 분명 효과적인 방식이며, 특히 외부적인 요소들을 예측할 수 있는 환경에서는 유용하다. 하지만 오늘날처럼 미래를 예측하기 어려운 시대에는 상황이 다르다. 프로젝트 진행 도중에 외부 환경이 급격하게 변화하는 일도 흔하다. **따라서 처음에 세운 계획대로만 밀고 나가면 언젠가 목표에 도달할 것이라는 생각은 비**

현실적이다. 그런데도 여전히 많은 일본 기업에서는 경직된 PDCA 방식을 선호하는 경향이 있다.

그렇다면 어떻게 해야 할까. 무언가를 만드는 사람은 항상 계획이 틀어지고 이전으로 되돌아갈 가능성을 전제해야 한다. PDCA의 대안인 'OODA 루프'를 생각해 두면 좋다. OODA는 관찰(Observe), 상황 판단 및 방향 설정(Orient), 결정(Decide), 행동(Act)의 첫 글자를 딴 약어로, 흔히 '우다 루프'라고 읽는다. 이는 급변하는 상황에 효과적으로 대응하기 위해 만들어진 의사결정 모델이다. PDCA가 계획에서 시작하여 정해진 단계를 순환하는 방식이라면, OODA는 지속적인 관찰을 통해 언제든 이전 단계로 되돌아가 상황을 재평가하고 방향을 수정할 수 있는 루프(Loop) 구조라는 점이 핵심적인 차이다. **오히려 OODA 루프는 상황 변화에 따라 언제든 계획을 수정하고 되돌아가는 것을 당연하게 여긴다.**

OODA 루프는 전직 미 공군 대령이었던 존 보이드(John Richard Boyd)가 자신의 전투 경험과 역사 연구를 통해 창안했다고 알려져 있다. 상황이 시시각각 변하는 현대 전투 환경에서 어떻게 하면 적보다 빠르게 판단하고 효과적으로 대응하여 승리할 수 있을지를 연구해 만든 체계다.

OODA에서 가장 먼저 시작하는 일은 관찰(Observe)이다. 자신이 처한 상황과 주변 환경의 변화를 객관적으로 인식하고 정보를 수집한다. 다음으로 방향 설정(Orient) 단계에서는 관찰을 통해 얻은 정보를 바탕으로 현재 상황을 분석하고 판단하여 앞으로 나아가야 할 큰 방향을 설정한다. 그다음 단계에서는 설정된 방향에 따라 구체적으로 어떤 행동을 취할지 결정(Deside)한다. 그리고 마지막 행동(Act) 단계에서 결정된 사항을 신속하게 실행에 옮긴다.

PDCA가 계획(Plan)에서 시작하는 반면, OODA는 관찰(Observe)에서 시작한다는 점이 중요하다. 따라서 항상 주변 상황을 철저히 관찰하고, 현재 직면한 진짜 문제가 무엇인지 명확히 정의하려는 노력이 필요하다.

전투 상황을 예로 들어보자. 전투에선 예상치 못한 일이 계속 발생한다. 공중전에서 작전을 세울 때 적군의 전투기가 세 대라고 예상했는데, 갑자기 네 번째 전투기가 나타날 수도 있다. 이런 상황에서 '원래 계획상 전투기 세 대를 전제로 했으니 그 작전대로 싸워야 한다'라고 고집하는 일은 (마치 PDCA를 기계적으로 돌리는 것처럼) 패배로 이어질 뿐이다. 상황이 바뀌었으면 3대 4로 싸울 것인지, 혹은 불리하다고 판단되면 후퇴할 것인지 등을 그 자리에서 즉시 판단하고 결정('OODA 루프 실행')해야 한다. OODA는 이처럼 예측 불가능한 상황에서 개인이 어떻게 신속하고 효과적으로 대응할 수 있는지에 대한 방법론이다.

PDCA와 OODA의 가장 큰 차이는 실행하는 사람의 사고 방식 혹은 정신에 있다고 할 수 있다. 한번 결정된 계획은 절대 바꿀 수 없다고 생각하는 경직된 태도와 상황 변화에 따라 언제든 계획을 수정하고 개선할 수 있다고 생각하는 유연한 태도 사이에는 큰 차이가 있다.

예컨대 일본의 여러 사회 시스템은 과거 전후 고도 성장기에 인구가 계속 증가하리라는 전제하에 설계되었다. 하지만 저출산 고령화가 심화한 지금, 과거의 시스템은 더 이상 현실에 맞지 않아 제대로 작동하지 않는 경우가 많다. 그런데도 이미 정해진 것은 바꿀 수 없다는 식으로 일관하다 보면 사회 곳곳에서 문제가 발생할 수밖에 없다.

적군의 전투기가 네 대인데 세 대라고 가정하며 싸워서는 이길 수 없다. 이런 상황에서 지휘 본부에 '적군은 네 대인데 어떻게 할까요?'라고 물으면 너무 늦다. 현장에서 스스로 상황을 판단하고 결정해야 한다.

앞에서도 언급했듯 엉뚱한 문제를 아무리 열심히 풀어봐야 소용없다. 지금 우리가 해결하려는 문제가 정말 올바른 문제인지 항상 주의 깊게 점검해야 한다. 큰 프로젝트는 여러 팀이 동시에 진행하는 경우가 많고, 특히 공업 제품 개발 등에서는 기능별 혹은 모듈(블록)별로 나누어 개발하는 것이 효율적이다. 이렇게 작은 단위로 나누어 일을 진행하면서 단계마다 상황 변화에 맞춰 유연하게 대응하는 능력을 길러야 한다.

동료야말로 필수 인프라다

앞서 나는 팀원 간 의사소통의 중요성에 대해 언급했다. 다만 팀은 보통 각기 다른 전문 분야를 가진 사람들로 구성된다. 그러다 보니 특정한 개인에게 중요한 결정을 내려야 하는 위급 상황이 닥쳐도 팀 차원에서 올바른 판단을 돕는 일은 어려울 수 있다.

이럴 때를 대비하여 혼자 판단하기 어려운 문제에 대해 편하게 조언을 구할 수 있는 자신만의 자문 그룹, 이른바 '브레인 풀(Brain Pool)'을 미리 만들어두면 좋다. 물론 공식적인 조직이나 위원회는 아니다. 딱딱하고 형식적인 관계가 아니라 언제든 부담 없이 찾아가 상담하고 의견을 나눌 수 있는 사람들을 주변에 몇 명 확보해 둔다는 느낌으로 생각하면 된다.

사람들은 보통 공식적인 자리에서 질문을 받으면 속내를 솔직하게 말하기보다는 다소 걸러진 내용을 표면적으로 대답하는 경향이 있다. 사회적으로 바람직하다고 여기는 모습이나 답변을 지나치게 의식하기 때문이다. 건강검진을 받을 때 작성하는 문진표를 떠올려보면 이해하기 쉬울지 모른다. 음주량이나 흡연량 같은 항목에서 실제보다 수치를 조금 줄여서 적어본 경험이 누구나 한 번쯤 있을 것이다. 마찬가지로 회사에서 갑자기 어떤 문제에 대해 의견을 물으면 상대방은 긴장하게 마련이다. 특히 질문하는 사람이 윗사람인 경우라면 더욱 그렇다. 이런 상황에서는 솔직하고 깊이 있는 의견보다는 '무난하고 뻔한' 대답만 돌아오기 쉽다.

따라서 서로 속마음을 터놓고 이야기할 수 있는 신뢰 관계를 미리 구축해 두는 것이 매우 중요하다. 비단 회사 동료에만 해당되는 이야기가 아니다. 주변의 반응이나 일반적인 의견과 다르더라도 '저는 이렇게 생각합니다'라고 솔직하게 말해줄 수 있는 사람을 단 한 명이라도 더 곁에 두는 편이 좋다.

그렇다면 어떻게 그런 동료를 찾을 수 있을까. 답은 의외로 간단하다. 먼저 당신부터 평소 다른 사람들에게 속마음을 드러내고 솔직하게 소통하면 된다. 누군가 당신의 의견을 물어볼 때 형식적인 답변 대신 진솔한 생각을 공유하자. 그렇게 하다 보면 당신에게 마음을 열고 솔직한 이야기를 해주는 사람들이 자연스럽게 주변에 모일 것이다.

우선 자신이 무엇을 잘 판단할 수 있고, 어떤 부분에서 다른 사람의 도움이 필요한지를 명확히 파악하자. 그리고 혼자서 판단하기 어려운 문제를 편하게 물어볼 수 있는 동료를 찾아 가깝게 지내자. 모든 것을 단독으로 해결하기가 점점 더 어려워지는 시대일수록 믿고 의지할 수 있는 동료들을 곁에 두는 것은 성공적인 창조를 위해 필요한 핵심 인프라를 확보하는 과정이다.

칼럼 5
플레이스테이션다운 사회 공헌

'왜 하는가?'라는 목적이 명확하지 않은 프로젝트는 제대로 진행되기 어렵다. 무언가를 '만드는' 행위에는 반드시 뚜렷한 목적이 필요하다. 예를 들어 플레이스테이션의 가장 중요한 목적은 많은 사람에게 즐거움과 설렘을 선사하는 것이다. 그렇기 때문에 플레이스테이션은 게임 이외의 방식으로도 사용자에게 즐거움을 제공하려 노력한다.

'플레이스테이션 3'는 2007년 미국 스탠퍼드(Stanford) 대학교에서 진행한 학술 프로젝트 '폴딩앳홈(Folding@home, FAH)'에 참여한 적이 있다. 이 프로젝트는 암이나 알츠하이머병 같은 난치병의 치료법 개발에 필수적인 단백질의 복잡한 구조와 작동 원리를 규명하기 위한 것이었다.

단백질 구조를 분석하기 위해서는 엄청난 양의 복잡한 연산이 필요하다. 당시 컴퓨터 성능으로는 슈퍼컴퓨터급의 연산 능력이 필요했지만, 슈퍼컴퓨터를 개발하고 운영하는 데는 수십억에서 수백억 원에 달하는 막대한 비용이 들어갔다. 그래서 스탠퍼드 대학에서는 '분산 컴퓨팅'이라는 방식을 고안했다. **이는 하나의 거대하고 복잡한 계산 작업을 인터넷으로 연결된 여러 대의 컴퓨터가 나누어 처리함으로써 종합적으로 슈퍼컴퓨터에 버금가는 연산 능력을 확보하는 기법이다.**

게임을 즐기는 사람이라면 알겠지만, 당시 '플레이스테이션 3'의 핵심 프로세서는 일반적인 가정용 PC보다 월등히 뛰어난 연산 성능을 자랑했다. '플레이스테이션 3' 한 대의 연산 능력이 가정용 컴퓨터 25대에 해당

할 정도였다.

이에 착안하여 전 세계 '플레이스테이션 3' 사용자 중에서 자발적인 참여자를 모집해 폴딩앳홈 프로젝트의 연산을 돕기로 했다. '플레이스테이션 3' 사용자는 특정 국가에 국한되지 않았기 때문에 이 모집은 자연스럽게 전 지구적인 규모의 참여로 이어졌다.

구체적인 방식은 이러했다. '플레이스테이션 3' 사용자가 관련 애플리케이션을 내려받아 실행하면, 스탠퍼드 대학의 서버로부터 계산해야 할 데이터를 다운로드한다. 그리고 '플레이스테이션 3'은 각 기기에 할당된 데이터를 계산 처리한 후 결괏값을 다시 스탠퍼드 대학 서버로 전송하는 방식이었다.

'플레이스테이션 3'는 이 프로젝트에서 유감없이 성능을 발휘했다. 프로젝트 참여 이후 폴딩앳홈 전체의 일일 연산 처리량은 단번에 두 배 이상으로 증가했으며, 2007년 3월 프로젝트를 시작한 후 반년도 채 되지 않아 전체 시스템의 연산 능력이 1페타플롭스(petaflops)[17]를 돌파했다.

이는 분산 컴퓨팅 역사상 최초의 기록적인 사건이었다. 폴딩앳홈 프로젝트는 이러한 성과로 기네스 세계 기록에 등재되었고, '플레이스테이션 3'의 기여는 위업을 달성하는 데 결정적인 역할을 했다. 2008년에는 폴딩앳홈에 참여하는 '플레이스테이션 3' 사용자가 100만 명을 넘어섰다는 보도가 나오기도 했다.

---

17 초당 1천조(10^{15})번의 부동소수점 연산을 수행할 수 있는 컴퓨터 성능 단위.

당시 플레이스테이션 팀은 단순히 연산 능력만 제공하는 방식으로는 사용자에게 큰 재미를 주지 못한다고 판단했다. 그래서 참여자들이 자신이 기여한 정도를 시각적으로 확인하고 즐거움을 느낄 수 있도록 애플리케이션 내에 3D 지구본을 띄우고 전 세계 참여자들의 위치를 실시간으로 보여주는 기능을 추가했다. '사회 공헌 활동을 눈으로 직접 확인한다'는 방식은 사용자들로부터 큰 호응을 얻었으며, 일본 내에서도 상당한 화제가 되었다.

물론 이 프로젝트에는 기업의 사회적 책임이라는 측면도 고려되었지만, 첫 시작은 미국 지사의 직원 몇 명이 '정말 재미있겠다'며 자발적으로 프로토타입을 만들어온 것에서 비롯되었다. 회사 내부적으로 다양한 논의가 있었지만 결국 슈퍼컴퓨터를 제외하면 이런 대규모 연산을 감당할 수 있는 기기는 '플레이스테이션 3'밖에 없다는 결론에 도달하여 본격적으로 프로젝트가 추진되었다. 더욱이 위에서 언급한 사회 공헌 활동의 시각화 아이디어는 좋은 평가를 받아 2008년 일본 굿디자인(GoodDesign)상[18] 금상을 수상하는 영예로 이어졌다.

소니 특유의 자유로운 기업 문화가 이러한 도전을 가능케 한 측면도 있지만, 무엇보다 '플레이스테이션은 단지 게임기일 뿐'이라는 고정관념에 사로잡히지 않고 또 다른 컴퓨터라고 재정의하며 기기의 가능성을 넓게 보았기에 실현될 수 있었던 프로젝트였다. 이처럼 기존의 정의나 세상의 상식에 얽매이지 않는 자유로운 사고의 중요성을 결코 잊어서는 안 된다.

---

18 일본디자인진흥회가 주관하는 디자인 공모전으로, 우수한 제품·서비스·시스템에 상이 수여된다.

당장 수익이 없더라도
미래를 위한 투자는 계속되어야 한다

야심 차게 무언가를 새로 만들어 출시해도 처음에는 잘 팔리지 않아 기대만큼의 이익을 얻지 못하는 시기가 반드시 찾아온다. 이런 상황에 직면했을 때 회사는 보통 사업 구조를 재검토하게 된다.

일반적으로는 영업 및 홍보 예산을 줄이거나 사무실 이전, 인력 재배치, 심지어 희망퇴직 접수 등을 해가며 고정 비용을 삭감하려 한다. 제품 자체의 원가를 절감하여 매출 총이익률을 개선하려는 시도도 흔하다.

이러한 단기적인 처방들은 일시적으로 재무 상태를 개선할 수는 있지만 사업 부진의 근본적인 원인을 해결하지는 못한다. 그 결과 얼마 지나지 않아 다시 수익성이 악화하는 상황으로 되돌아가는 경우도 적지 않다.

이때 경영진이 가장 저지르기 쉬운 동시에 가장 피해야 할 실수는 바로 미래를 위한 투자를 축소하는 것이다. 물론 당장 구체적인 성과를 내지 못하는 미래에 투자하는 것은 단기적인 면에서는 비용 유출로 보일 수 있다. 따라서 기업 실적이 악화하면 가장 먼저 신규 프로젝트의 예산과 인력을 감축하려는 유혹에 빠진다. 하지만 이는 매우 잘못된 판단이다.

    무언가를 새롭게 만드는 과정은, 그것이 완성되어 시스템으로 정착되기 전까지는 상당 부분 사람에게 의존한다는 사실을 기억해야 한다. 제품 개발이나 서비스 구축에 필요한 핵심 지식과 노하우는 깔끔하게 문서로 만들어져 있기보다 담당자들의 머릿속 기억과 경험 속에 체화된 경우가 많다는 뜻이다. 이런 상황에서 단순히 비용을 절감하겠다며 핵심 개발 인력을 줄이는 것은 곧 회사의 미래 경쟁력의 원천인 개발 노하우 자체를 없애버리는 행위나 다름없다.

    또한 이러한 결정은 해당 인력뿐 아니라 남아있는 직원 전체의 사기에도 심각한 악영향을 미친다. '이 회사는 더 이상 새로운 도전이나 미래 성장에는 관심이 없구나!'라는 부정적인 인식이 조직 전체에 퍼지게 된다. 결국 단기적인 비용 절감 효과보다 장기적인 성장 동력 상실이라는 손실이 훨씬 더 커질 수 있다.

    그러므로 일단 어떤 방향으로 나아가기로 했다면, 설령 당장 성과가 부진하더라도 미래를 위해 꾸준히 투자한다는 자세로 임해야 한다. 그렇지 않으면 장기적인 성공이나 의미 있는 성과를 기대하기는 어렵다.

없으면 직접 만든다

이 책의 서두에 언급했던 것처럼, 소니엔 기하라 노부토시라는 전설적인 엔지니어가 있었다. 그는 역대 비디오테이프 리코더 개발을 지휘하여 '기술 개발의 신'으로 불렸다. 기하라는 비디오테이프 리코더 이전에 테이프 리코더를 만들기도 했다. 첫 테이프 리코더 시제품은 1949년에 나왔는데, 이 제품의 개발 과정에 관한 유명한 일화가 전해진다.

1948년 소니 창업자 중 한 명인 이부카 마사루는 일본에 주둔해 있던 미군으로부터 테이프 리코더에 대한 이야기를 듣고 개발을 결심했다. **하지만 당시 일본에는 테이프 리코더는커녕 녹음용 테이프를 본 사람조차 거의 없었다.** 보통 사람이라면 불가능하다고 쉽게 포기했을 상황이다. 그러나 기하라와 그의 팀원들은 달랐다. 가장 먼저 자기 테이프부터 직접 만들기로 한 것이다.

당시는 전쟁 직후라 물자를 구하기가 하늘의 별 따기였다. 그들은 자기 테이프 제작에 필수적인 산화철을 구하기 위해 도쿄 시내를 샅샅이 뒤진 끝에 겨우 약국 한 곳에서 재료를 찾아낼 수 있었다. 하지만 재료를 구한 뒤에도 시행착오의 연속이었다. 프라이팬에 산화철 가루를 넣고 주걱으로 볶았더니 온도가 너무 높아져 가루가 타버리는 바람에 쓸 수 없게 되었다. 어렵게 구운 가루를 종이테이프에 바르는 작업 역시 순탄치 않았다. 처음에는 밥알을 으깨어 접착제 대신 사용하려 했지만 잘 붙지 않았다. 결국 래커에 가루를 녹인 용액을 직접 만든 너구리 가슴털 붓으로 기다란 종이에 일일이 바르는 등 온갖 방법을 궁리하고 시도했다고 한다.

물자가 귀했던 시절에 주변의 모든 것을 활용하려 했던 그들의 필사적인 노력이 엿보이는 대목이다. 기하라는 '세상에 없는 것을 만드는 본보기를 보여줌으로써 젊은이들이 스스로 길을 찾아 성장할 수 있도록 돕는다'는 신념으로, 매일 작업복 차림을 하곤 현장에서 아이디어를 짜냈다. 그의 지도로 수많은 엔지니어가 새로운 제품과 사업을 세상에 내놓으며 성장했고, 그 덕분에 그의 연구실은 '기하라 학교'라는 별칭으로 불리기도 했다.

기하라 씨는 내가 신입사원으로 입사했을 당시 소니 개발연구소의 소장을 맡고 있었다. 그는 매달 한 번씩 '소장 특강'이라는 이름으로 테이프 리코더 개발 당시의 생생한 경험담을 들려주곤 했다. 우리 같은 신입사원들은 그의 흥미진진한 이야기에 매료되어 늘 앞자리에 모여 앉아 귀를 기울였던 기억이 아직도 선명하다.

제품이든 서비스든 처음부터 필요한 모든 재료나 기술을 완벽히 갖추고 시작하기는 어렵다. **그러다 보면 부족한 부분을 직접 만들어서 해결할 수밖에 없다.** 지금처럼 기술이 고도로 세분되고 변화 속도가 매우 빠른 시대에도 이러한 자세는 '만드는 사람'에게 여전히 유효하다. 그러니 끝없이 탐구하고 시도하는 일의 중요성을 잊어서는 안 된다.

당장 도움이 안 되어도 소중히 여겨야 할 것들

개발의 세계는 실로 다양하며, 빛을 보지 못하고 사라지는 시제품 또한 산더미처럼 많다. 하지만 만약 처음부터 사업성이 확실한 아이템만 골라 개발했다면 소니와 같은 기업이 오늘날과 같은 성공을 거두기는 어려웠을지도 모른다.

  앞서 여러 번 강조했듯이 무언가를 만드는 일에서 기술이나 지식 자체보다 중요한 것은 '마인드'다. 재료나 자원이 부족하다고 해서 쉽게 포기하는 것이 아니라 오히려 '없기 때문에 새롭게 만들어낸다'는 자세가 필요하다. **자신이 원하는 것을 어떻게든 구현해 내려는 열정이야말로 가장 중요하다.** 만드는 사람에게 가장 괴로운 순간은 만들고 싶은 대상이 분명히 있는데 그것을 실행할 수 없는 환경에 놓여있을 때다. 하지만 안타깝게도 오늘날 많은 조직에서는 새로운 무언가를 시도하려 할 때 과학적, 논리적 근거를 과도하게 요구하곤 한다.

새로운 프로젝트를 제안할 때 '시장성은 있는가?', '이 프로젝트가 어떤 의미가 있는가?'와 같은 질문을 받아본 적이 있을 것이다. 그런데 때로는 이러한 질문 자체가 큰 의미가 없을 수도 있다. **왜냐하면 세상에 없던 제품이나 완전히 새로운 서비스는 비교할 만한 전례가 없으므로, 논리적이거나 객관적인 성공 근거를 처음부터 제시하기란 불가능하기 때문이다.**

물론 당신에게 충분한 재량권이 있다면 다행이지만, 그렇지 않은 경우라면 프로젝트의 실행 여부는 결국 의사결정권자의 판단에 달려있다. 이때 중요한 것은 논리적인 사업 계획보다 당신의 상사가 그 제안을 보고 '센스가 좋다', '전망이 있다'는 직관적인 느낌을 받았는지 여부일 수 있다. 솔직히 말하면 상당 부분이 운에 좌우되는 측면도 있다.

하지만 최근 들어 많은 기업들이 객관적인 근거에 기반하여 효율성만 따지다가는 오히려 혁신적인 성공작이 나오기 어렵다는 사실을 깨닫기 시작했다. **조직 내에서 선택과 집중 전략을 지나치게 강조하다 보면 새로운 시도나 변화가 일어나기 어렵고, 집중했던 주력 사업이 정점을 지나 쇠퇴기에 접어들**

면 속수무책으로 내리막길을 걷게 될 수 있다.

당장 큰 도움이 되는 것처럼 보이는 일이나 기술이 얼마 지나지 않아 쓸모없어질 수도 있다. 반대로 지금은 별것 아닌 것처럼 보이는 활동이 미래에 중요한 자산이 될 수도 있다. 일부 글로벌 기업에서는 근무 시간의 일부를 본업 외에 자신이 관심 있는 다른 프로젝트에 자유롭게 사용하도록 허용하는 제도를 운영하기도 한다. 최근 일본 기업들 사이에서 직원의 부업을 허용하는 분위기가 확산되는 것도 비슷한 맥락으로 볼 수 있다.

객관적인 근거에 너무 얽매이지 말고 마음속 깊은 곳에서 울리는 목소리에 좀 더 솔직하게 귀 기울여 보자.

일을 사랑하는 프로만이 일류가 된다

프로의 세계에서는 1위와 2위 사이에 현격한 차이가 나는 경우가 많다. 예를 들어 일본 프로야구 통산 홈런 기록을 보면 1위 오 사다하루(王貞治)[19]는 868개인 데 반해 2위 노무라 가쓰

19 　일본 프로야구의 전설적인 홈런 타자이자 감독으로, 세계 최다 홈런 기록인 868개를 보유하고 있다.

야(野村克也)[20]는 657개로 200개 이상 차이가 난다. 3위 가도타 히로미쓰(門田博光)[21]의 기록인 567개와 비교하면, 1위와 2위 사이의 격차가 그 이하 순위 간의 격차보다 훨씬 크다는 것을 알 수 있다. 프로 테니스나 골프 등 다른 스포츠 분야에서도 비슷한 경향이 나타난다. 비단 스포츠뿐 아니라 장기나 바둑 같은 분야에서도 소수의 최정상급 기사들이 대부분의 주요 타이틀을 독점하는 현상을 볼 수 있다.

같은 프로 선수나 전문가 중에서도 이처럼 최정상급과 그 외의 선수들 사이에 큰 격차가 생기는 이유는 무엇일까? 나는 이것이 내면의 문제와 관련이 있다고 생각한다. 결국 그 일을 너무 좋아해서 견딜 수 없을 정도인지 아닌지의 차이다.

2023년 봄 월드 베이스볼 클래식(WBC) 경기로 일본 열도가 뜨겁게 달아올랐다. 이때 미국 메이저리그에서 활약하는 오타니 쇼헤이 선수가 진심으로 야구를 즐기며 플레이하는 모습은 많은 사람에게 깊은 인상을 남겼다. 평소 오타니가 얼마나 철저하게 건강 관리를 하고 식단에 신경 쓰는지는 언론 보도를

---

20   일본 프로야구의 명포수이자 명감독으로, 통산 657홈런과 독창적인 데이터 야구로 유명하다.
21   일본 프로야구의 강타자.

통해 알려져 있지만, 아마도 그는 자신이 그토록 사랑하는 야구를 위해서라면 그 정도 노력쯤은 전혀 힘들지 않다고 느낄지도 모른다. 물론 오타니 선수는 뛰어난 재능을 타고났지만 누구보다 야구 자체에 엄청나게 몰입하기에 다른 선수들이 쉽게 넘볼 수 없는 경지에 오른 것이다.

이처럼 최정상급 프로들은 외부의 시선이나 평가 때문이 아니라 자기 내면에서 우러나오는 강력한 동기를 가지고 움직인다. 우리가 하는 일 역시 마찬가지다. 각 분야의 정점에 선 사람들에게는 자신이 하는 일을 진심으로 사랑한다는 공통점이 있다. 좋아하기 때문에 힘든 과정을 고통으로만 느끼지 않고 끊임없이 연구하며, 실패하더라도 좌절하기보다 그 원인을 곱씹고 배우며 나아간다. 이런 과정에서 성공할 확률은 자연스럽게 높아진다. 나는 얼마 전 '어떤 일을 보통 사람의 상상을 초월할 정도로 한 사람은 결국 천재라 불린다'라는 말을 듣고 깊이 공감했다. 어쩌면 남이 알아주지 않아도 묵묵히 자신의 길을 깊이 파고드는 이들의 본질을 꿰뚫는 말일지도 모른다고 생각했다.

물론 조직에 속해 일하다 보면 언제나 자신이 좋아하는 일만 할 수는 없다. 과거 소니에는 '정말 재미있는 일은 상사에게 보고하지 말고 그냥 해라'는 우스갯소리가 있었다고 한다.

조직의 공식적인 절차나 승인을 받기 어려운 상황이라면, 때로는 이렇게 비공식적인 방식으로라도 열정을 쏟을 만한 일에 도전해 보는 용기가 필요하다.

혹시 지금 하는 일이 재미없다고 느껴진다면 스스로 원해서 하는 일이 아니라 누군가의 지시나 강요에 의해 억지로 하기 때문은 아닌지 확인해 보는 것이 좋다. 내 경험상 그럴 때는 일을 시킨 상사나 동료의 기대를 훨씬 뛰어넘는 결과물을 만들어 내겠다는 식으로 마음을 먹으면 좋다. 타인이 부여한 목표를 스스로 설정한 도전적인 목표로 바꾸어 생각하면 의외로 일하는 과정이 훨씬 즐거워지고 몰입도도 높아진다.

같은 상품이라도 레시피는 계속 변한다

무언가를 만들 때는 자신이 만드는 제품이나 서비스가 어떤 원리로 작동하고, 어떤 요소들로 구성되어 있으며, 그들을 어떻게 조합하여 완성하는지를 정리하는 일이 중요하다. 그와 같은 자신만의 '레시피'가 필수적이다. **이 레시피를 확실하게 파악하다면 시대가 변하더라도 지나치게 당황하지 않고 그**

변화에 대응할 수 있다.

무언가를 만드는 사람이라면 반드시 그러한 레시피를 염두에 두어야 한다. 그리고 레시피는 시대의 흐름에 따라 계속해서 변한다.

내가 경험한 게임 플랫폼과 게임기 개발 과정을 예로 들어보자. 게임기라는 같은 제품을 만들더라도 기술이 크게 변화하면서 제품을 구성하는 핵심 요소와 만드는 방식, 즉 레시피는 시대별로 완전히 달라졌다.

원래 비디오 게임은 오늘날과 같은 가정용 게임기가 아니라 술집이나 식당 등에 설치된 아케이드 게임기를 의미했다. 초창기 아케이드 게임기는 특정 게임만을 위해 설계된 전용 회로 기판으로 만들었기 때문에 게임기 자체가 곧 콘텐츠였다. 이후 미국에서 가정용 게임기가 발명되었지만, 초기 모델들은 여러 게임을 기기 내부에 미리 저장한 형태로 판매되었다.

시간이 흘러 게임 소프트웨어를 별도의 카트리지에 담아 교체하는 방식이 등장했다. 게임 프로그램(애플리케이션)을 반도체 칩에 기록한 카트리지를 사용하면서 비로소 게임기 본체와 게임 소프트웨어가 분리되기 시작했다. 이는 게임 산업 역사에서 매우 큰 변화였다. 여기까지를 게임의 초기 역사라고 본다면, 당시 게임 개발의 '레시피'에선 반도체 기술과 소프트웨어 개발이 핵심이었다고 할 수 있다.

그 이후의 역사는 우리에게 비교적 익숙하다. 닌텐도나 세가 같은 회사들이 출시한 가정용 게임기가 전 세계적으로 큰 인기를 끌었고, 일본을 중심으로 수많은 유명 게임 개발자들이 등장했다. 1990년대 중반에는 소니가 플레이스테이션을 선보이며 게임 시장에 본격적으로 뛰어들었다. 앞서 언급했듯이 플레이스테이션은 기존의 카트리지 대신 CD-ROM을 게임 매체로 채택했다. 이에 따라 게임 소프트웨어의 저장 용량이 기존 카트리지보다 수 배에서 수십 배까지 비약적으로 늘어났다. 덕분에 이전에는 구현하기 어려웠던 3차원 컴퓨터 그래픽(3D CG) 기술이 게임에 본격적으로 도입되었고, 이는 오늘날 게임 그래픽의 기반이 되었다.

이후 게임을 저장하는 매체는 CD에서 DVD로, 다시 블루레이 디스크(BD)로 진화하며 세대가 바뀔 때마다 용량은 더욱 커졌다. 또한 1990년대 후반부터 인터넷이 대중화되면서 게임 환경에도 큰 변화가 찾아왔다. 이제 게임 개발의 '레시피'에선 소프트웨어 기술과 함께 네트워크 기술이 핵심적인 위치를 차지하게 되었다.

간단히 훑어보기만 해도 게임 산업의 레시피가 얼마나 극적으로 변화했는지 알 수 있다. 이처럼 새로운 기술이 도입되면 기존의 기술 중 일부는 레시피 안에서 자연스럽게 비중이 줄거나 제외된다.

게임기를 구성하는 기술을 크게 반도체, 소프트웨어, 네트워크의 세 영역으로 나눠보면, 초기에는 반도체와 소프트웨어 개발이 중심이었다. 하지만 오늘날에는 과거보다 소프트웨어 및 네트워크 기술의 중요성이 훨씬 커졌다. **따라서 기업은 이러한 기술 트렌드의 변화를 예측하고, 개발팀이 어떤 기술 영역에 집중해야 할지 방향을 제시하며, 한정된 기술 자원을 효율적으로 관리하기 위해 노력해야 한다.**

물론 이러한 거시적인 변화를 읽고 대응하는 일은 주로 경영진이나 책임자의 역할이다. **하지만 지금은 개별 실무자가 담당하는 구체적인 업무 내용조차 10년 단위로 크게 바뀔 수 있는 시대임을 기억해야 한다.** 제품이나 서비스의 '레시피'가 변화하는 과정에선 조직 내 모든 구성원이 각자의 위치에서 영향을 받는다. 당연히 자신이 맡은 업무의 성격이나 필요한 역량도 달라질 수 있다.

따라서 자신이 만들고 있는 제품이나 서비스가 현재 어떤 레시피로 구성되어 있는지 항상 명확히 파악해야 한다. 그리고 앞으로 기술과 시장이 어떻게 변할지, 그에 따라 우리 제품의 레시피는 어떻게 진화해야 할지를 끊임없이 상상하고 대비해야 한다. 이는 변화하는 시대에 계속해서 무언가를 성공적으로 만들어내기 위해 꼭 필요한 자세다.

제품 확인 과정은
절대 소홀히 해선 안 된다

엔지니어링 분야에서는 제품이 정상적으로 작동하는지, 품질 기준을 만족하는지 확인하는 것은 물론이요 사용자가 실수로 잘못 조작하거나 예상치 못한 방식으로 사용했을 때도 안전한지를 반드시 점검해야 한다. 바로 이 지점에서 엔지니어링 역량의 차이가 드러난다.

최근 큰 주목을 받는 자율주행 기술을 예로 들어보자. **평범한 주행 상황에서의 성능뿐 아니라 예측 불가능한 돌발 상황에서도 차량이 스스로 위험을 감지하고 사고를 회피할 수 있는지의 여부가 중요하다. 그 극한의 안전성을 확보하는 과정에서 엔지니어링의 진정한 가치가 발휘된다.** 99%의 상황에서 완벽하게 작동하더라도 단 1%의 예외적인 상황에서 문제가 발생한다면 근본적인 원인을 철저히 분석하고 해결해야 한다. 이것이 바로 엔지니어링의 역할이다.

이 책을 여기까지 읽었다면 짐작하겠지만, 엔지니어링에는 꾸준함이 필수적이다. 엔지니어링은 수많은 가설을 세우고 다양한 조건에서 가설이 성립하는지를 하나하나 원리적으로 확인하며 검증해 나가는 지난한 과정이기도 하다.

자동차 내부의 전자기기를 개발하는 경우를 생각해 보자. 자동차의 대시보드는 한여름 직사광선 아래서는 섭씨 80도 이상까지 뜨거워질 수 있다. 반대로 추운 겨울철에는 영하 수십 도까지 떨어지기도 한다. 이렇게 극단적인 온도 변화에도 기기가 정상적으로 작동하는지 확인해야 하는 것은 기본이고, 높은 습도나 지속적인 차량 진동과 같은 다른 환경 요인까지 복합적으로 고려하여 테스트해야 한다.

최근에는 스마트폰 등 주변 기기에서 발생하는 강력한 전자파의 간섭을 받지 않도록 설계 단계부터 고려하고 검증하는 과정도 필수다. 이처럼 제품 하나를 안정적으로 대량 생산하기까지는 수없이 많은 검증과 확인 작업이 필요하다.

물론 이 모든 과정을 개발자 혼자서 감당할 수는 없다. 그렇기에 앞서 이야기했듯 과학과 비즈니스 사이에 놓인, 넓고 거친 '엔지니어링의 바다'를 성공적으로 건너기 위해서는 다양한 분야의 기술 전문가들과 협력해야 한다.

설립 초기의 스타트업이 이러한 복잡하고 철저한 엔지니어링 과정을 자체 역량만으로 완벽하게 수행하기는 매우 어렵다. 특히 뛰어난 과학 기술을 기반으로 시작한 스타트업일수록 실제 제품화 및 양산 과정에서 엔지니어링 역량이 상대적인 약점으로 발목을 잡는 경우가 많다. 이럴 때는 다양한 전문 인력으로 부족한 부분을 보완해 줄 수 있는 파트너 기업과 적극적으로 협력하는 자세가 필요하다.

과학 아이디어를 성공적인 비즈니스로 연결하려면 둘 사이를 잇는 '선장' 역할인 엔지니어링의 중요성을 결코 가볍게 여겨서는 안 된다. 그리고 이를 제대로 수행해 낼 인재를 적극적으로 찾고 확보하려고 노력해야 한다. 급할수록 돌다리도 두드려보고 신중하게 건너자.

지금 하는 일에서 불필요한 것을 찾아내는 훈련을 한다

미래를 위한 선행 투자의 이상적인 모습은 무엇일까. 아마도 기존의 주력 사업이 정점을 지나 쇠퇴하기 전에 미리 다음 성장 동력에 투자하여, 기존 사업의 수익성이 완전히 떨어졌을 때 자연스럽게 차세대 제품이나 서비스로 전환하는 방식일 것이다.

물론 말은 쉽지만 실행하기가 매우 어렵다는 지적도 있다. 하지만 결코 불가능한 것은 아니다. 실제로 종종 활용되는 선행 투자 방식 중에는 회사 내부에서 현재의 주력 제품을 대체하거나 혹은 위협할 만한 차세대 제품이나 서비스를 항상 준비해 두는 방안이 있다. 외부 경쟁자가 주력 제품을 공격하기 전에 자체적인 내부 경쟁을 통해서 다음 세대로 자연스럽게 넘어가도록 유도하는 전략이다.

기록 매체의 역사를 예로 들어보자. 자기 테이프 방식인 VHS와 베타맥스(Betamax)[22]가 시장의 주류였던 시절에 이미 디지털 방식인 DV 테이프[23] 기술을 준비하고, DV가 보편화될 무렵에는 광디스크 기술 기반의 CD, DVD, 블루레이 디스크(BD)를 연이어 준비했던 것이 좋은 사례다.

하지만 선행 투자에는 항상 자금 문제가 따른다. 미리 충분한 여유를 가지고 미래에 투자할 수 있다면 가장 좋겠지만, 현실에서는 현재 주력 사업의 수익성이 눈에 띄게 떨어지기 시

---

22 소니가 1975년 개발한 가정용 비디오테이프 규격으로, VHS와의 경쟁에서 패해 사장되었다.

23 1990년대에 널리 사용된 디지털 영상 촬영용 소형 테이프 매체.

작할 무렵에야 비로소 다음 투자를 고민하게 되는 경우가 드물지 않다. 이런 상황에서는 당연히 투자할 자금 여력이 부족할 수밖에 없다.

이럴 때는 어떻게 해야 할까. 우선 현재 주력 사업에 투입되고 있는 자원 중에서 비효율적이거나 더 이상 중요하지 않은 부분을 찾아내어 미래 기술이나 서비스 개발로 돌릴 수 없는지 검토해 보아야 한다. 앞서 이야기했듯 회사 규모가 커지고 역사가 길어지다 보면 과거에는 의미가 있었지만 지금은 본질적인 가치를 상실한 채 관성적으로 유지되는 업무나 사업 영역이 적지 않다. 비록 뒤늦은 감이 있더라도 이러한 부분을 과감히 정리하고 미래를 위해 자원을 재배분하는 노력이 필요하다.

물론 최종적인 투자 결정은 경영진의 몫이다. 하지만 무언가를 만드는 사람이라면 누구라도 언젠가는 자금 부족이라는 현실적인 벽에 부딪히게 마련이다. 따라서 평소에도 자신의 업무만 볼 것이 아니라 회사 전체의 관점에서 무엇이 정말 중요하고 무엇이 불필요한지를 고민해야 한다. **불필요한 작업이나 낭비되는 자원을 찾아내어, 그것을 회사의 미래를 책임질 새로운 개발 부문에 투입하도록 제안하거나 스스로 노력하는 자세가 필요하다.** 조직 구성원 각자가 이런 문제의식을 느끼고 있다면 현재 사업의 수익이 완전히 고갈되어 회복 불가능한 상태에 이르러서야 허겁지겁 다음 먹거리를 찾아 헤매는 악순환을 피하는 데 도움이 된다.

맺음말

이 책을 읽어주신 독자 여러분께 진심으로 감사드린다. 지금까지 30년 가까이 첨단 기술 개발과 글로벌 비즈니스 현장에 몸담았던 경험을 바탕으로, 세상에 창조하는 사람이 더 많아지기를 바라는 마음을 담아 이 책을 집필했다.

1994년 11월에 출시된 초대 플레이스테이션 프로젝트에 합류한 이후 약 16년간, 나는 역대 플레이스테이션 시리즈의 기획, 플랫폼 개발, 신규 사업 기획 및 운영, 사업부 경영 등 다양한 역할을 경험했다.

초대 플레이스테이션 발매 3년 만에 당시 소니컴퓨터엔터테인먼트는 영업이익 1,000억 엔을 돌파했고, 7년 만에는 연매출 1조 엔을 넘어서는 등 1993년에 갓 설립된 기업으로서는 놀라운 성과를 거두었다.

나는 운 좋게도 초대 플레이스테이션 출시 멤버로 참여했고, 성공의 여정을 함께하며 유례없는 경험을 쌓을 수 있었다. 그 과정에서 숱한 어려움을 함께 헤쳐나갔던 당시의 상사, 선배, 동료들, 그리고 협력해 주신 모든 관계자분들께 이 자리를 빌려 다시 한번 깊은 감사의 마음을 전한다.

흔히 게임은 테크놀로지, 엔지니어링, 아트가 결합한 종합예술이라고 불린다. 플레이스테이션의 최고기술책임자(CTO)로 일했던 7년 동안 전 세계 최고의 크리에이터, 엔지니어, 과학자들과 함께 자극적인 협업을 진행했던 경험은 무엇과도 바꿀 수 없는 소중한 기억이다. 물론 모든 시도가 성공했던 것은 아니지만, 이후 후배들의 뛰어난 활약 덕분에 플레이스테이션은 2023년에 거치형 비디오 게임기로서 누적 판매량 1억 대를 넘어서는 위업을 달성하기도 했다.

소니를 퇴사한 후에는 라쿠텐과 KPMG[24]와 같은 기업에서 대화형 인공지능 개발을 비롯해 감사 및 세무 등 전문 서비스 분야의 AI 기반 자동화 및 고도화 업무 등을 담당하며 세계 최고 수준의 디지털 인재들과 함께 일하는 경험을 이어갔다.

---

24 세계 4대 회계·컨설팅 법인 중 하나로 감사, 세무, 재무 자문 서비스를 제공하는 다국적 전문 서비스 기업.

이러한 경험을 바탕으로, 이 책에서는 단순히 기술을 '알고', '사용하는' 수준을 넘어 직접 '만들어내는' 행위가 어떻게 새로운 가치를 창출하는지를 살펴보았다. 그리고 독자 여러분 역시 '만드는 사람', 즉 '창조하는 사람'이 되기를 바라는 마음에서 그 실마리가 될 만한 생각들을 최대한 공유하고자 노력했다.
　부디 이 책이 독자 여러분의 다음 도전에 작게나마 보탬이 되기를 진심으로 바란다.

창조하는 인간의 시대
만들어내는 사람이 살아남는다

발행일	2025년 10월 20일 초판 1쇄

지은이	차타니 마사유키
옮긴이	박세미
편집	박성열, 신수빈, 배선화
디자인	박은정
인쇄	재원프린팅
제본	라정문화사

발행인	박성열
발행처	도서출판 사이드웨이
출판등록	2017년 4월 4일 제406-2017-000041호
주소	서울시 영등포구 선유로 114, 양평자이비즈타워 705호
전화	031)935-4027　팩스 031)935-4028
이메일	sideway.books@gmail.com

ISBN	979-11-91998-54-2 (03320)

• 잘못 만들어진 책은 구입처에서 바꾸어 드립니다.
• 이 책의 전부 또는 일부 내용을 재사용하려면 사전에 도서출판 사이드웨이의 동의를 받아야 합니다.